信州はエネルギーシフトする

環境先進国・
[illegible]ツをめざす

元長野県エネルギー政策担当企画幹
田中信一郎 著

築地書館

目次

第3章　政策を動かす力

多様なステークホルダー　118

第2部　信州エネルギーシフトの担い手たち　121

第1章　地域エネルギー事業の担い手　122

地域共同の太陽光発電と市民ファンドのパイオニア
おひさま進歩エネルギー株式会社　原亮弘　代表取締役　123

太陽光発電「相乗りくん」とソーラーシェアリングで市民発電所を広げる
NPO法人上田市民エネルギー　藤川まゆみ　理事長、合原亮一　理事　129

産官学民の連携による再エネ普及で信州を元気にする
一般社団法人自然エネルギー信州ネット　小田切奈々子　理事　137

第2章　中小企業の担い手　145

アフターフォローを重視する地域密着型の太陽エネルギー企業
株式会社サンジュニア　西原秀次　取締役会長、西原弘樹　代表取締役社長　146

国内外主要メーカーすべてを扱う太陽光発電パネル卸の先駆者
鈴与マタイ株式会社　加藤三喜夫 取締役　153
信州の総合エネルギー企業として発展を目指す
岡谷酸素株式会社　嶋田克彦 総務課課長、藤岡史和 企画室係長　159

第3章　建物エネルギー性能の担い手　166

高断熱・高気密住宅を県内全域で提供する
北信商建株式会社　相澤英晴 代表取締役社長　167
欧州の技術で高性能な省エネ住宅を建築・リフォームする
株式会社ヴァルト　小野治 代表取締役　174
断熱木製サッシの事業化と木質断熱産業の構築を主導する
有限会社和建築設計事務所　青木和壽 代表取締役　182

第4章　自治体の担い手　190

オーストリアとの連携で欧州型林業への転換を目指す
長野県林務部　山﨑明 林務部長　191

はじめに

垂直統合から水平分散へ

ドイツでは、エネルギーの転換を通じた社会システムの変革が進んでいます。エネルギーを通じた社会システムの変革とは、エネルギー源が化石燃料や原子力（以下、化石燃料等）から、再生可能エネルギー（以下、再エネ）に変わっていくことで、社会が大きく変わるということです。なぜ、エネルギー源が変わると、社会が変わるのでしょうか。

これまでは、化石燃料等にエネルギー源を依存してきました。化石燃料とは石油・石炭・天然ガス（LNG）、原子力とはウランのことです。いずれも、特定の場所に膨大な量が埋まっているもので、偏在している資源です。例えば、石油資源は中東やロシアにたくさん埋まっていますが、日本にはほとんど埋まっていません。

化石燃料等の資源は、採掘して人々の生活や経済活動に使われるまで、複雑なシステムを必要とします。石油を例にしましょう（図表1）。元になる資源は原油です。これが中東やロシアなどの地下、数千メートル深くに埋まっています。これを掘り出すために、硬い岩盤を掘る井戸を建設します。採掘した原油は、タンカーやパイプラインで製油所へ運びます。日本の場合、タンカーで製油所に送ら

図表１　石油が電気になって家に届くまで

れた原油は、ガソリン、灯油、重油、軽油、ＬＰガス、ナフサなどと、様々な石油製品に分離されます。蒸留、脱硫、分留と、複雑な工程を経るため、製油所は複雑で巨大なシステムになります。ガソリンはタンクローリーでスタンドへ運ばれ、ＬＰガスは高圧ガス専用車で運ばれます。重油の一部は、発電所に運ばれ、そこで発電タービンを動かすための燃料になります。発電した電気は、高圧送電線を伝って変電所に送られ、そこで電圧や周波数を家庭の器具で使えるレベルに変化させてから家庭に送られます。

こうした複雑なシステムを維持するためには、莫大なコストがかかります。電気やガス、ガソリンを自弁したいと思っても、個人がそのシステムをゼロから構築し、維持することは現実的に不可能です。

そのため、化石燃料等の利用システムを運営するには、巨大な組織が必要になります。一人では不可能なことでも、大勢の人が力を合わせれば実現でき

図表２　世界の大企業上位１０
１０社のうち、６社がエネルギー産業です。

順位	企業	分野	国籍	収益（百万＄）
1	Walmart	小売	アメリカ	482,130
2	State Grid	エネルギー	中国	329,601
3	China National Petroleum	エネルギー	中国	299,271
4	Sinopec Group	エネルギー	中国	294,344
5	Royal Dutch Shell	エネルギー	オランダ	272,156
6	Exxon Mobil	エネルギー	アメリカ	246,204
7	Volkswagen	自動車製造	ドイツ	236,600
8	Toyota Motor	自動車製造	日本	236,592
9	Apple	技術	アメリカ	233,715
10	BP	エネルギー	イギリス	210,821

（出典：The Fortune 2016 Global 500）

るわけです。このシステムを効率的に運用するには、生産過程の最初から、消費者に供給する最後まで、できる限り一貫した組織で運用されることが望ましいことになります。途中のマージンやリスクを減らすことができ、消費の状況に合わせて生産することが可能になるからです。この生産から供給までの過程を単独もしくは少数の組織で運用する形態を「垂直統合」と呼びます。

つまり、化石燃料等のシステムは、垂直統合を目指して収斂していくことになります。それも、資本力のある大企業や国営企業によって、垂直統合されていきます。なぜならば、複雑なシステムの途中では、どうしても事故やミスが避けられませんが、それによる損失を一時的にでも受け止め、損失を回復し、事業を継続させられる資金力が必要になるからです。

実際、世界の大企業で上位を占めているのは、化石燃料等を扱うエネルギー産業です。世界の10大企業のうち、6社がエネルギー産業です（図表2）。エネルギーはすべての人にとって、生活や経済活動に欠かせないものですので、広く料金を集め、莫大な利益を上げることができます。垂直統合の必要性と広く利益を上げられる構造の両面から、エネルギー産業は巨大化していったわけです。

水平分散型の産業革命が始まった

垂直統合システムが始まったのは、18世紀後半のイギリスで、世界史では「産業革命」と位置づけられています。それまでの手作業に代わり、石炭を燃料とする蒸気機関によって、大量生産・高速物流が可能になりました。蒸気機関には、巨額の初期投資が必要となり、資金を有する人が工場や鉄道、蒸気船などを保有し、利益を上げてさらに資金を増やしていきました。これが資本家で、産業革命によって資本主義が確立したわけです。一方、工場などで働く大勢の人が必要となり、農村地域から工場のある地域へ人が流れ込み、働くようになりました。これが労働者で、彼らの住む地域が都市になりました。

産業革命は、エネルギー源の転換によって、社会が大きく変化した出来事です。化石燃料が出現する前のエネルギー源は、太陽や風、薪、人力でした。太陽と水で農産物を育て、風を使う帆船で運び、薪の火で加工しました。それ以外は、人力です。工業は家内制手工業で、ほとんどの人は農村地帯に居住していました。都市は、交易や手工業に携わる人々が住む小規模なものでした。

一方、産業革命の結果として、化石燃料に閉じ込められていた温室効果ガス（グリーンハウスガス、以下、GHG）が大気中に放出され、気候変動の原因になっています。そのため、2016年に発効した「パリ協定」[*1]は産業革命を基準にしています。気候変動は、産業革命以降のエネルギー源の転換によって引き起こされているわけです。

さて、産業革命に端を発する化石燃料等というエネルギー源が、再エネに変わるということは、社会に大きな影響を与えないでいられるでしょうか。産業革命という化石燃料等への転換によって、住む場所も、生計の手段も、社会的な地位も、価値観も、気候すらも、それまでと大きく変化し、現代社会に至っていることからも、自明の理です。

再エネの特徴は、世界中どこでも、何かしら存在するということです。源は、太陽、風、水流、生物、地熱、潮汐《ちょうせき》、温度などの自然資源です。利用する場合は、発電パネルや風車、ボイラーなどの比較的簡易な装置で可能です。たとえ、高さ100メートルの風力発電設備であっても、製油所や原発などの複雑なシステムに比べれば、簡易といえるでしょう。

つまり、化石燃料等の垂直統合という特徴の正反対で、再エネには「水平分散」という特徴があります。それも、それぞれのシステムが独立するのではなく、送電線やインターネットでつながります。

したがって、産業革命が社会構造に大きな影響を与えたように、再エネへの転換も社会構造に大きな影響を与えると考えられます。世界有数の大企業であるエネルギー産業の収益構造への影響も、避けられないでしょう。

このように、エネルギーシフトは、積極的に新しい社会を創造しようとする動きであり、戦略です。

社会と経済の衰退を是認したり、単にエネルギー源を変えたりするということでは、決してありません。社会の課題を解決し、持続可能で活力ある社会を創る壮大なチャレンジなのです。

ドイツのエネルギーシフト

ドイツ政府は、GHGの排出量について、1990年に比べて2050年までに80～95%削減するとの目標を定めています。[*2] 2016年の段階で、既に27%の削減となっていて、目標に向かって着実に進んでいます。

GHG排出量を削減するための主な手段は、化石燃料の使用抑制です。GHGは、農業を通じて土壌からも発生するなど、化石燃料以外からも多少は発生してしまいます。ですので、80～95%削減するという目標は、実質的に化石燃料の使用をほとんど止めてしまうことを意味します。

ドイツ政府は、この目標について、省エネルギー（以下、省エネ）と再エネで達成しようとしています。省エネで使用量を半減（2050年目標）し、それでも必要なエネルギーを再エネで供給するという考え方です。使い方をそのままにして、供給手段を再エネに変えるというわけではありません。なお、原発については、2022年までの段階的な廃止を決定しています。

2015年時点で、ドイツの総発電量に占める再エネの割合は約30%に達し、最大の電力供給源になっています。1990年は約3%でしたので、四半世紀で10倍に伸びました。電気以外のエネルギーを含めた消費量全体に占める割合も、約15%（2015年）です。再エネは、ドイツの主要なエ

図表３　ドイツのGDP、一次エネルギー消費量、総電力消費量
ドイツでは経済が順調に成長する一方で、エネルギー消費量は減っています。

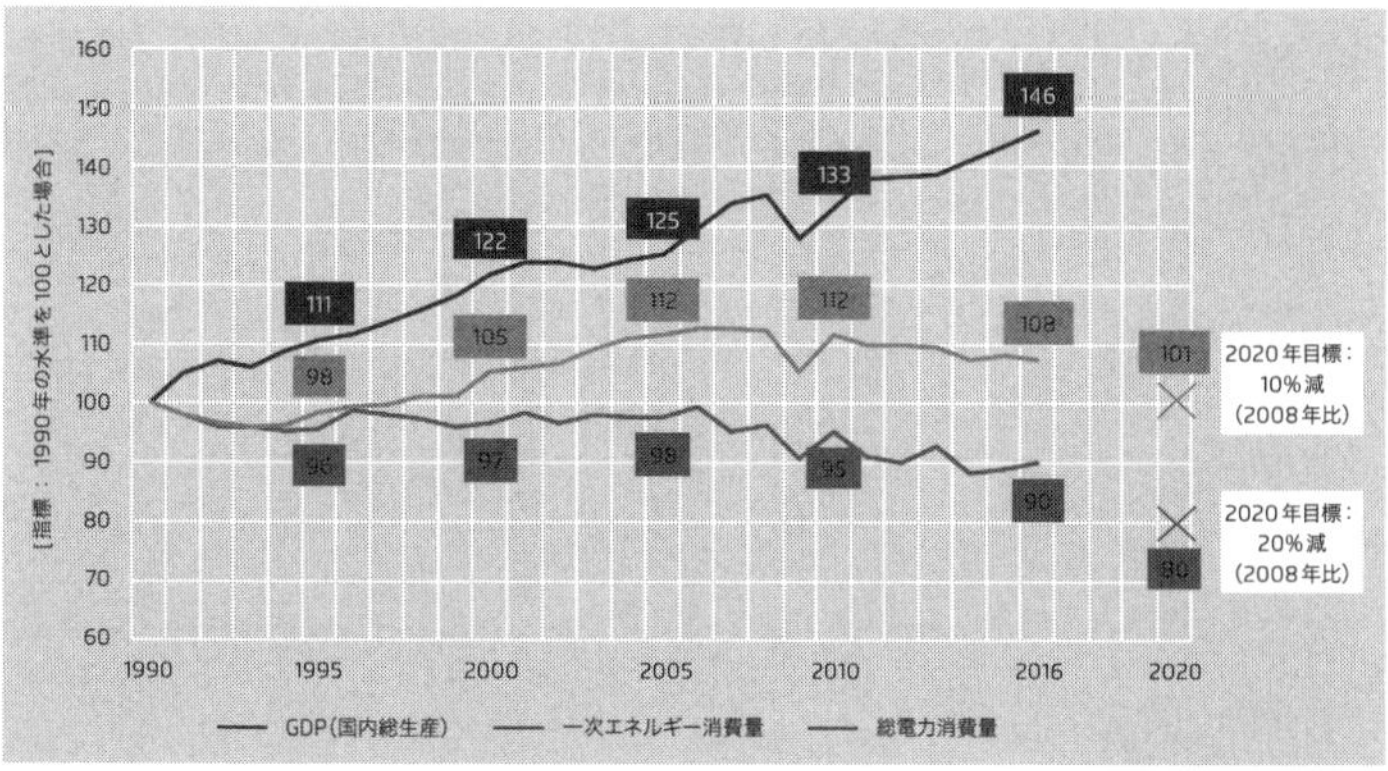

（出典：アゴラ・エナギーヴェンデ／自然エネルギー財団「ドイツのエネルギー転換10のQ&A」）

ネルギー源に急成長しています。

　ドイツではGHG排出量を削減し、再エネを普及してきた一方、経済は順調に成長しています（図表3）。1990年の経済規模に対し、2016年には46％増の成長となっています。日本は、同29％増の成長で、GHGは1990年比で4％増（2015年）となっています。

　環境（GHG排出量削減）と経済（成長）を両立させていることは、ドイツのエネルギーシフトの特徴です。従来の経済では、消費の拡大に合わせて生産量を拡大させると、必然的にエネルギー消費量が増えていきました。むしろ、エネルギー消費量は経済のバロメーターと考えられていました。

　環境と経済を両立できる背景には、化石燃料等の多くをドイツ国外に依存していることがあります。再エネは国産エネルギーですので、化石燃料

等を再エネに置き換えることは、エネルギー源を輸入から国産に置き換えることを意味します。置き換えた分だけ、国外に支払うはずだったエネルギー代金を、国内に支払うことになり、それが再び国内での消費や投資に回ることになります。

再エネや省エネそのものが、国内投資を促進することも背景にあります。再エネを供給するには、パネルや風車などの設備を設置しなければなりません。国外製品を使うとしても、もっとも手間とコストのかかる設置工事は、国内の人々が担うことになります。省エネも同様です。設備投資をすることで、将来にわたって支出するはずだったエネルギー代金を節約し、改修を請け負う国内の企業がその分を手にします。

さらに、水平分散という再エネの特徴により、国内の無数の人々が投資に励むことができます。化石燃料等の設備は、巨額のコストを要するため、大資本でなければ投資できませんでした。けれども、再エネはそれらに比べれば少額の投資で設置できます。太陽光発電で数百万円から数千万円、風力発電で数億円から数十億円という投資規模です。個人では難しくても、複数の人々が集まれば投資可能です。数千億円から数兆円という、化石燃料や原発等の設備とは比べ物になりません。

実際、ドイツでは、市民所有の再エネ設備が半数近くを占めています。2012年のデータによると、個人所有25・0%、市民出資のある設備11・6%、協同組合の所有9・2%となっていました。多くの人々が自らの資金を元手に、再エネへ投資していると分かります。

水平分散という特徴は、省エネにもあります。無数の企業が生産設備を更新し、高効率化しつつあります。無数の人々が住宅を低燃費型へリフォームし、高断熱・高気密で燃費を高めています。全国各地で、途切れることなく省エネへの投資が行われ、経済活動の拡大につながっているのです。ドイツ在住の環境ジャーナリストの村上敦さんが、著書でドイツ連邦交通・建設・都市発展省の発表を紹介しています。[*3]

国が2006～11年に省エネリフォームの分野に助成金や低利子の融資などで総額68億ユーロ（約8500億円）の支出をしました。これに刺激されて、約100万件の助成の申請があり（250万戸の住宅と950件の公共建築）、これによって民間・地方自治体の投資がおよそ840億ユーロ行われました（省エネリフォームの分野で投資総額が68億＋840億≒900億ユーロ）。ドイツは付加価値税（消費税）が19％ですから、国が準備した68億ユーロの予算は、民間が併せて出資してくれた恩恵で、一次的な投資の部分だけでも消費税として支出の約2倍分回収できたことになります。（中略）地域経済への二次的、三次的な波及効果や支払われなかった失業手当など社会福祉コストの節約分も考慮すると、支出したよりもかなり多くのお金を国は手にすることができました。

ドイツのエネルギーシフトについて、整理してみましょう。まず、GHG排出量削減の高い目標を掲げ、再エネと省エネを進めてきました。一方、経済を成長させ、環境と経済の両立を実現してきました。その背景には、3つの要素があります。第一に、国外産の化石燃料等を国産の再エネに置き換えたこと。第二に、再エネと省エネの投資が国内投資の拡大になったこと。第三に、それらの投資が多くの人々によって行われたこと。

エネルギーシフトは決して、人々に我慢を強いることでも、生活の質を低下させることでもありません。経済の衰退をもたらしませんし、対策で財政赤字も拡大しません。

そのため、ドイツのほとんどの人々は、エネルギーシフトを理解し、支持しています。2016年の世論調査によると、エネルギーシフトを「非常に重要」と答えた人は約6割、「重要」と答えた人と合わせると9割を超えています。

日本のエネルギー政策

日本では、福島第一原子力発電所事故（以下、福島原発事故）により、エネルギーをめぐる状況が根底から変化しました。それまで、エネルギー需要に合わせて供給力を拡大してきましたが、今は供給力の制約を踏まえてエネルギーを利用する社会となりました。

エネルギー制約は、省エネへと人々や企業の行動を変化させました。電力消費量は、1990年に比べてピークの2007年には約40％増加し、リーマンショックで落ち込んだ後、2010年には再び2007年に迫る消費量まで上昇に転じていました。ところが、2011年を契機に減少傾向へ転じ、2015年には2010年に比べて約14％も減少しました。2010年から2015年の間の国

図表４　FIT 導入で大幅に増えた日本の再エネ設備容量

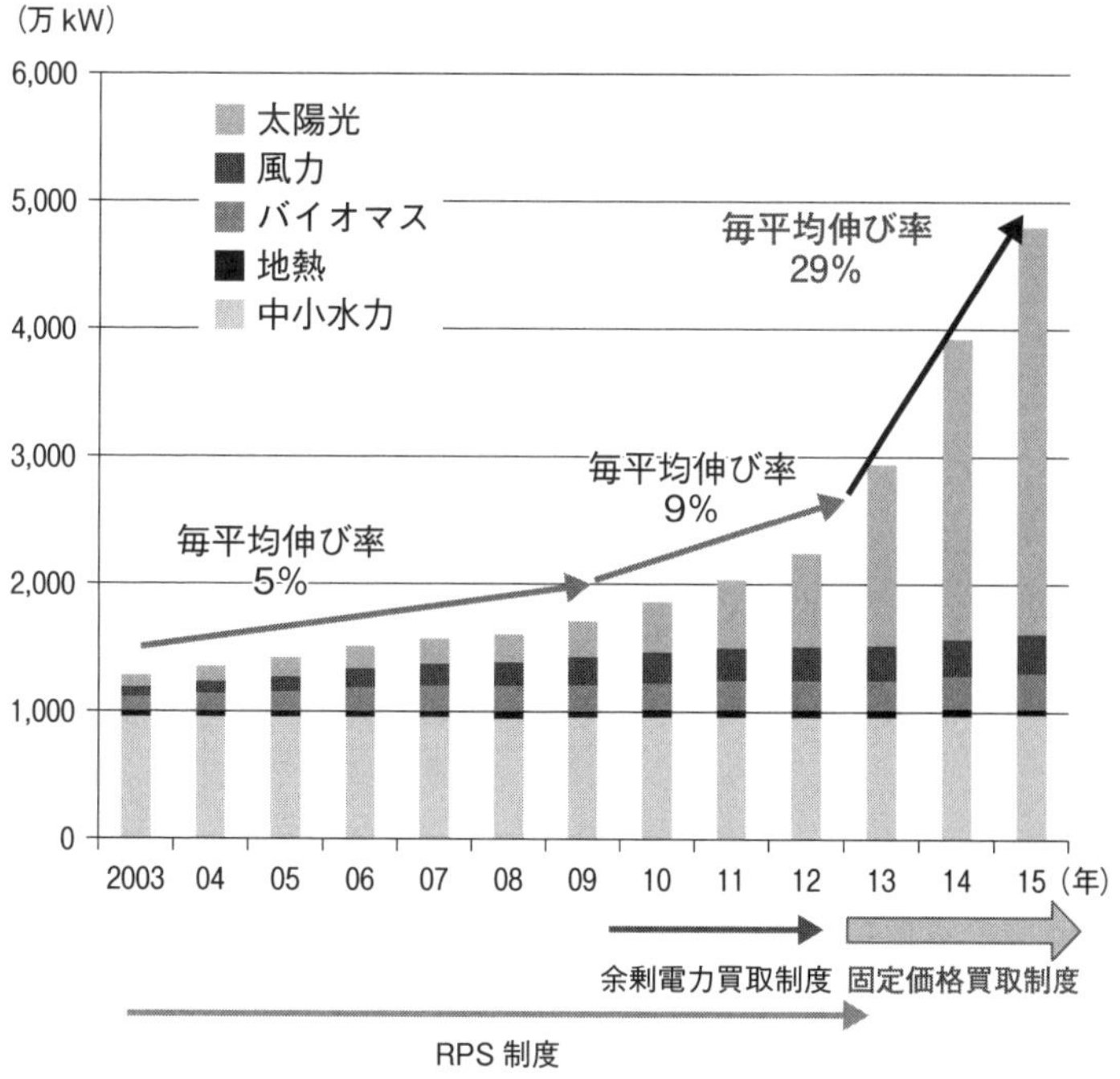

（出典：経済産業省「エネルギー白書 2017」）

内総生産は約５％増となっていますので、それだけ省エネしたことになります。

再エネも、２０１２年の固定価格買取制度（ＦＩＴ）の導入から大幅に増加しました（図表４）。再エネの導入伸び率は、２００３年から２００９年までは年平均５％、太陽光発電の余剰買取制度が導入された２００９年からは年平均９％、ＦＩＴの導入翌年の２０１３年から２０１５年までは年平均29％でした。その結果、２０１５年の発電量に占める再エネの割合は13・７％になりました（大規模水力9％含む）。

一方、日本では、徐々に再エネと省エネが進む一方で、それがもたらす新たな社会についての構想がありません。原発についての議論は盛んですが、エネルギーのあり方を通じて、社会・経済をどのように創造するかの議論は低調です。

それを象徴するのが、各地で進められている石炭火力発電所の新設計画です。それらの多くは、東日本大震災後のエネルギー制約に対応するため計画されました。「気候ネットワーク」によると、2016年1月現在、稼働している石炭火力発電所は96件（4231万kW）で、新設計画は49件（2302万kW）ありました。実に1・5倍増の計画です。これらの計画は、エネルギー制約の観点や原発の代替電源という観点からすれば、一定の合理性があります。一方、パリ協定との間には、整合性がありません。新設される発電所の多くが2020年前後に稼働する予定で、多くは今世紀後半まで使われることになり、それまでに化石燃料によるGHG排出を止めるというパリ協定と矛盾します。

さて、福島原発事故を受けて、多くの自治体が地域エネルギー政策（以下、地域エネ政策）に取り組み始めました。「自然エネルギー財団」のレポート[*4]によると、2017年3月現在、37都道府県と12政令指定都市（以下、政令市）がエネルギーに関する計画やビジョンを持っています。いずれも、福島原発事故後に策定されたものです。

地域エネ政策では、2000年以降、先進自治体による地球温暖化対策（以下、温暖化対策）が基盤となってきました。牽引してきたのは、東京都、京都府、横浜市、京都市、富山市、長野県飯田市、北海道下川町などです。先進自治体は、海外自治体の取組みを参考に、事業者や建物、交通等の省エネ、市民ファンドや熱利用等による再エネを進めてきました。それらの取組みが、２０１１年以降に取り組み始めた多くの自治体の参考となったのです。

都の排出量取引制度のように、国際的に先進的な政策を導入する自治体も出てきました。都の制度は、オフィスビル等の都市を対象とした世界初のものです。エネルギーを多消費する事業所を対象とし、一定のＧＨＧ排出量削減の義務を課しています。義務よりも過剰に削減できた事業所は、過剰分の排出枠を、達成できなかった事業所に売り、収入を得ることができます。ＧＨＧ排出量は省エネで削減できますので、省エネをするほど儲かる仕組みとなります。

このように、エネルギー政策は国だけのものでなく、自治体によっても取り組まれるようになりました。それどころか、国でも導入できていない政策を、都のように導入している自治体もあります。

本書について

福島原発事故から半年過ぎた２０１１年10月1日、筆者は特定任期付職員として長野県に採用されました。特定任期付職員は、５年間を最長として民間から採用される公務員です。

配属先は環境部温暖化対策課で、企画幹に任命されました。これは長野県の独自の役職で、部長の補佐や課長の代理をするとともに、特命業務を取り仕切るポストです。特命は「新エネルギー・省エネルギー推進」でした。

温暖化対策課は、2011年4月に新設された課で、温暖化対策と地域エネ政策を担当していました。けれども、福島原発事故を受けて応急的に設置された課ではなく、震災前から設置が決まっていた課です。地域エネ政策が重要という、阿部守一《しゅいち》知事の考え方に基づいていました。

ただ、組織はつくられたばかりで、政策方針や計画は固まっていませんでした。一方で、県議会や市町村、経済界、県民から、国と県のエネルギーに対する考え方の説明を同時多発的に求められ、てんやわんやの状態でした。新たな計画の検討が、着任した筆者の重要な仕事になりました。

それから5年間、筆者は長野県のエネルギー政策担当者として仕事をし、2016年9月に任期満了で退任しました。現在、課の名前は、温暖化対策課から環境エネルギー課に変わり、考え方と計画を明確にして、様々な政策を執行しています。

長野県がエネルギー政策を発展させる上で、一つのモデルとしたのがドイツのエネルギーシフトです。県では、ドイツと交流しつつ、エネルギーシフトに官民協働で取り組んでいます。

本書は、そうした長野県におけるエネルギーシフトの動き、すなわち「信州エネルギーシフト」を紹介します。筆者の実務経験に基づくとともに、関係者に取材をしました。

第1部は、長野県の地域エネ政策を紹介しています。第1章では、エネルギー政策の基本となっている「環境エネルギー戦略」（以下、環境エネ戦略）と政策の基本的な考え方を解説しています。第2章では、環境エネ戦略に基づく8つの主要政策を紹介しています。第3章では、地域エネ政策を推進できた4つの要素を分析し、キーパーソンの阿部知事にインタビューしました。

第2部は、県内の12の担い手を紹介しています。第1章は、再エネ発電を行っている地域の担い手です。第2章は、再エネに関わる地元の中小企業です。第3章は、省エネ建物を普及している建築事業者です。第4章は、県環境部以外の県組織と飯田市を紹介しています。信州のエネルギーシフトが、様々なステークホルダーによる幅広い取組みであると分かるでしょう。

第1部
信州エネルギーシフトの内実とは——長野県の地域エネルギー政策を解剖する

第1章　環境エネルギー戦略

経済とエネルギー消費を切り離せるか

長野県の地域エネ政策の基本的な考え方は、２０１３年2月に策定された環境エネ戦略で規定しています。県の環境審議会での検討を経て、知事が決定し、県議会に報告しました。策定後は、この環境エネ戦略に則って政策を展開してきました。

環境エネ戦略は「経済は成長しつつ、温室効果ガス総排出量とエネルギー消費量の削減が進む経済・社会構造」を目指すことを最上位の目標（基本目標）に掲げました。単に、再エネを増やしたり、ＧＨＧ排出量を減らしたりするという目標ではありません。地域経済の成長と、エネルギー消費量やＧＨＧ排出量削減を両立させる目標です。

この基本目標は、ドイツのエネルギーシフトと同じです。経済と環境（エネルギー消費量・ＧＨＧ

図表１　長野県の経済成長と温室効果ガス総排出量の関係
長野県では、2011 年度頃から、経済成長とエネルギー消費量が分離する関係になってきています。

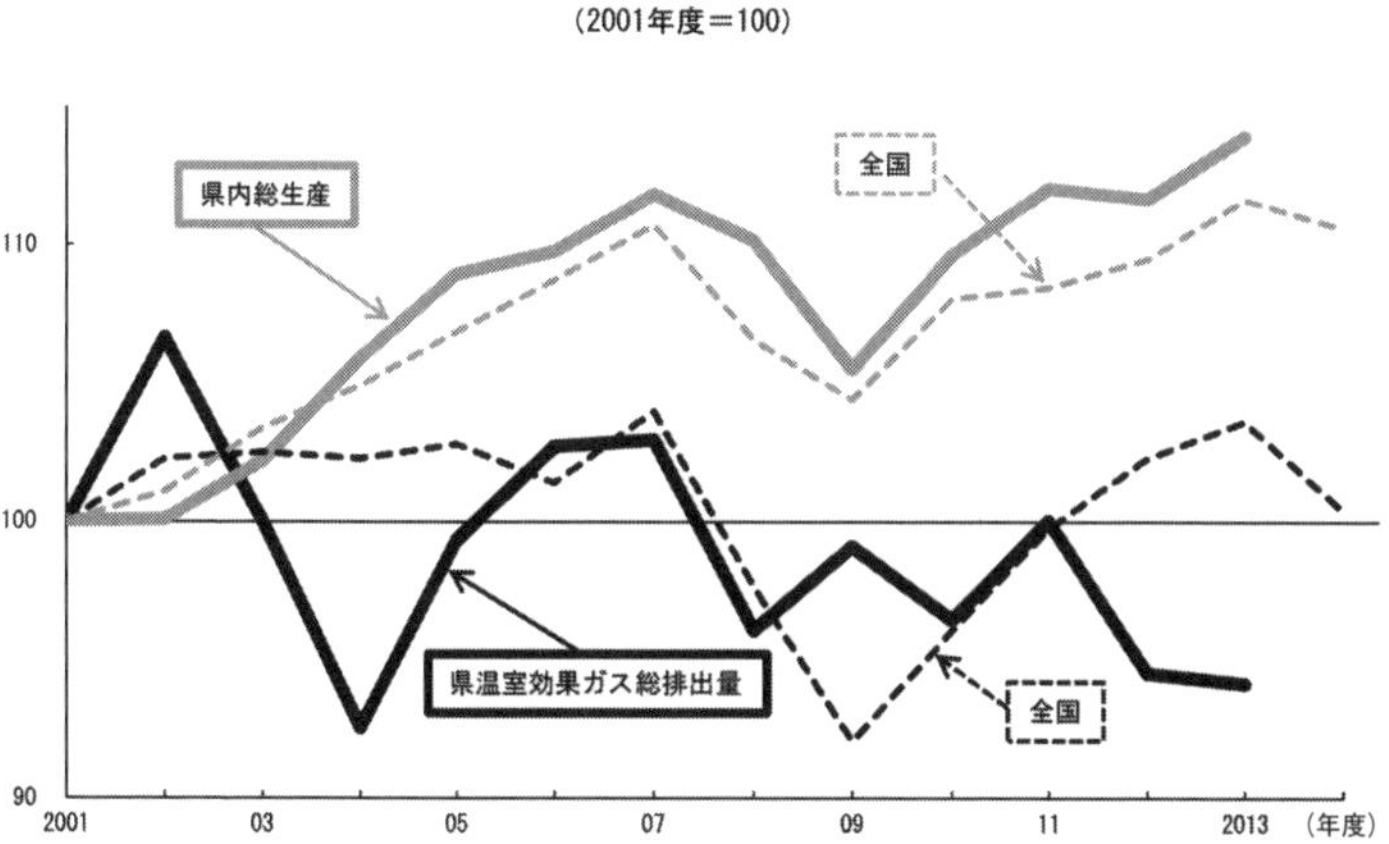

（出典：長野県「長野県環境エネルギー戦略 2015（平成 27）年度進捗と成果報告書」）

排出）の二項対立的な関係を切り離すことから、デカップリング（Decoupling：分離）政策と呼ばれます。

進捗管理では、両者の関係をもっとも重視します。環境エネ戦略の進捗報告は、２００１年度を起点にして県内総生産とＧＨＧ総排出量の増減を示しています（図表１）。長野県では、２０１１年頃からデカップリングの兆候が見られます。

環境と経済の両立を基本目標としたことは、環境エネ戦略に対して幅広い合意を得る基盤となりました。それまで、再エネや温暖化対策は、多くの人々が必要と考える一方、経済への悪影響が懸念されていました。大胆な政策が、地域経済の足を引っ張るとの不安があったのです。

しかし、基本目標をそのように掲げたか

らといって、実際に展開する政策が経済に悪影響を与えては、絵に描いた餅になります。当時は、どのような政策を展開すればいいのか、確たる前例やデータはなく、手探りの状態にありました。それまで、地域エネ政策といえば、税金や補助金で割高な再エネ設備を公共施設に設置したり、イベントや映画上映などで地球温暖化防止を住民に啓発したり、小まめな消灯やごみの分別を呼びかけたりするものでした。それ以上の取組み、例えば事業所の省エネを強制的に促進したり、自動車の利用を法令で抑制したり、再エネを大々的に推進する取組みは、経済に悪影響があると考えられ、一部の先進自治体を除けば、取組みを躊躇していたのです。

そもそも日本全体としても、デカップリングはできていませんでした。日本全体で見れば、経済が成長し、エネルギー消費量やGHG排出量もそれに比例して伸びていました。

それでも環境エネ戦略は、県として正式に決定するものです。県スタッフは、広範な合意を得られる可能性と引き換えに、前例のない取組みを模索することになりました。

勝算を持ち始めた県スタッフ

環境と経済の両立が提案されたのは、環境エネ戦略を策定する1年前でした。環境エネ戦略の前段として、２０１１年10月から半年かけて「地球温暖化対策戦略検討会」（以下、検討会）を設け、既存の政策の評価と今後の政策の方向性について検討を行いました。そのなかで、ドイツが環境と経済の両立を実現していると分かり、その考え方が基本になりました。それを翌年度の「地球温暖化対策専門委員会」（以下、専門委員会）での具体的な検討を経て、環境エネ戦略の基本目標として据えることになったのです。

提案を主導したのは、環境エネ戦略の策定に携わった外部の専門家でした。大きな役割を果たしたのが、検討会座長の小林光さん（元環境事務次官）、検討会委員の飯田哲也さん（環境エネルギー政策研究所所長）、専門委員会委員長の一方井《いっかたい》誠治さん（元環境省参与）でした。国内外の政策に詳しく、ドイツなど欧州の事情に通じた方たちでした。

専門家からの情報により、担当者たちの間には、次第に勝算が見えてきました。心強かったのは、小林さんら環境省出身の研究者がデカップリングの盛り込みを主導したことです。先進的な考え方や政策に自信が揺らぎがちなところを支えてくれました。

実務家たちとの出会いも、勝算を高めました。検討会では、事前に県スタッフによる勉強会を開いていました。職員も必死に勉強しなければ、議論に追いつくことが難しかったからです。そこに講師として来たのが、横浜市で事業者対策の制度強化に携わった越智《おち》洋之《ひろゆき》さん（横浜市職員）でした。自治体職員という同じ立場の話を聞き、県スタッフは「自分たちにもできそうだ」との感触を得ました。早田《そうだ》宏徳《ひろのり》さん（クラブヴォーバン代表理事）の話も、担当者たちの勝算を高めました。ドイツの建物エネルギー性能評価ツール「エネルギーパス」の日本版を開発したとの報告でした。

県内の動きも、県の動きを後押しする方向で作用しました。第2部で紹介する人々などが、再エネや省エネに取り組み始めていました。特に重要だったのは、再エネに意欲を持つ人々が、２０１１年７月に「自然エネルギー信州ネット」（以下、信州ネット）を立ち上げていたことです。

こうした後押しがあって、県スタッフはデカップリングについて勝算を持ち始めました。当初から確たる見通しがあったわけではなく、勉強し、模索するなかで、考え方が確立していきました。

そして、決定的だったのは、デカップリングのメカニズムを理解できたことです。これにより、どのような政策を企画すべきか、どのような政策を採用してはならないのか、課の担当者たちが腹の底から理解できました。

環境と経済――両立の仕組みとは

環境と経済の両立を実現するには、エネルギー消費量とＧＨＧ排出量を削減する取組みが、同時に経済成長を促進する取組みになる必要があります。どちらか一方だけでは、成り立ち得ません。

現在、日本で使うエネルギーの大半は海外から輸入される化石燃料で、その購入代金として巨額のお金を海外へ支払っています（図表２）。その輸入額は、過去10年間の平均で毎年21・７兆円、２０１４年には27・６兆円に達しています。

それを地域レベルで見ると、エネルギー消費を通じて、地域の資金が域外（海外・大都市）に流出していることになります（図表３）。地域の企業や住民が日々消費を通じて、海外に化石燃料の購入

図表２　莫大な金額を支払っている日本の化石エネルギー輸入額の推移

国際情勢の変化に応じて、エネルギー価格も乱高下します。

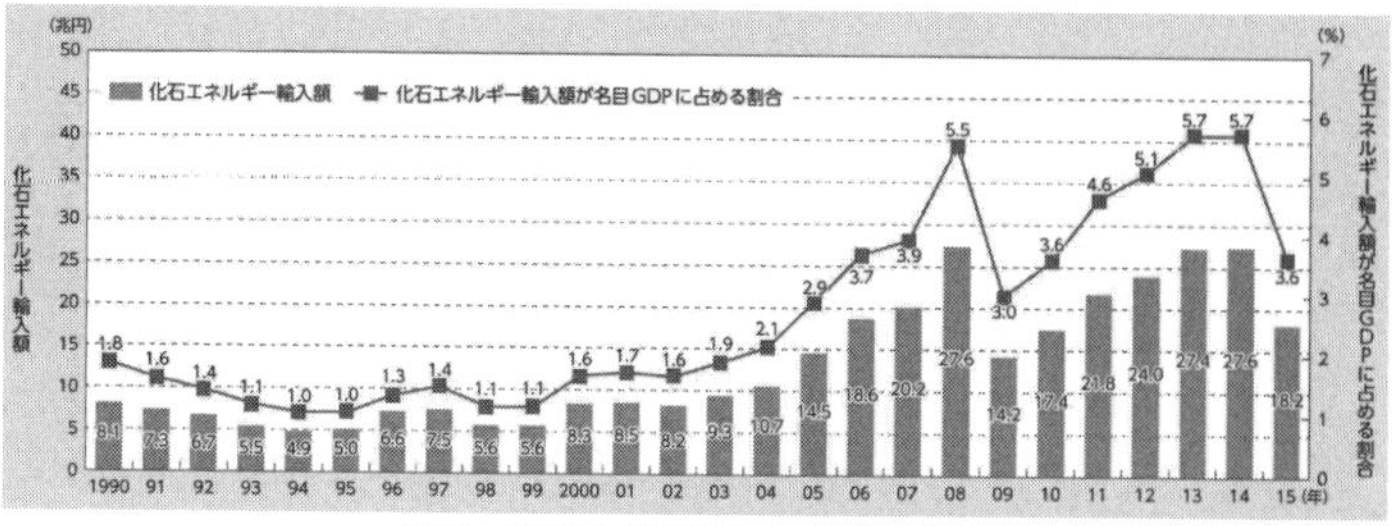

（出典：環境省「平成 29 年版環境・循環型社会・生物多様性白書」）

図表３　環境と経済の両立メカニズム

［現状］で地域の外へエネルギー代金として流出している金額が、［あるべき将来］では、地域内での再エネ生産と大都市など域外へのエネルギーの販売、省エネにより、地域内で循環することになり、地域の経済は好転していきます。

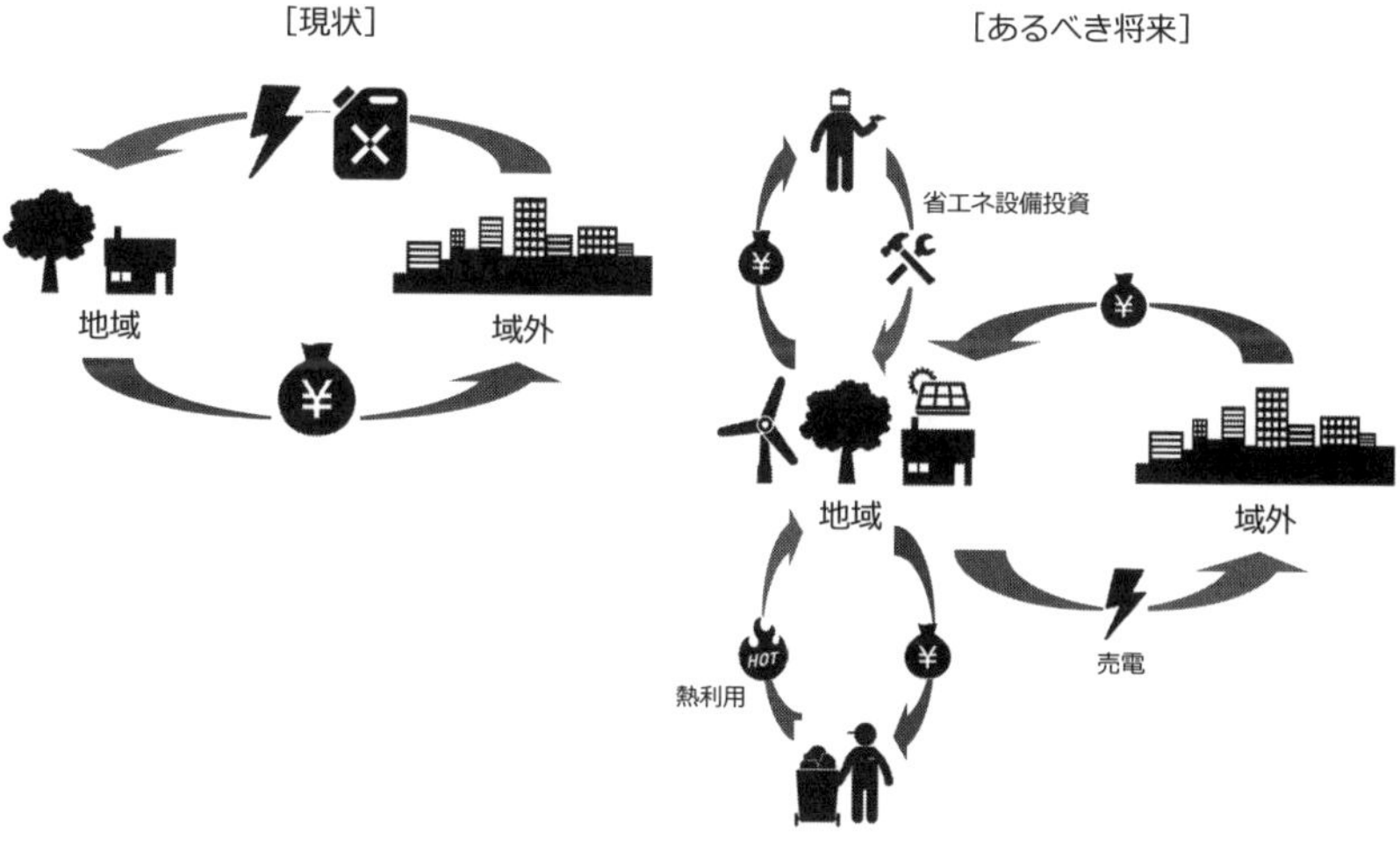

（出典：自然エネルギー財団「地域エネルギー政策に関する提言」）

代を支払っているからです。大都市以外の地域では、電力会社や石油会社の本社がないため、彼らの手にする利益も上乗せして払い、大都市に蓄積されることになります。

その金額は、小さくありません。長野県の試算[*5]によると、２００２年から２０１１年の10年間の平均で、毎年約２４００億円の資金が化石燃料代として、県内から海外へ支払われていました。２００８年には約４１６０億円が支払われていたと試算しています。同年の県民総生産は８兆２３７０億円でしたので、その５％相当が海外へ流出していたことになります。

化石燃料を削減し、流出していた資金を地域の投資・消費に回せば、エネルギー消費量・ＧＨＧ排出量の削減と地域経済の活性化が同時に促進できることになります。例えば２００８年の場合、化石燃料代の１割を削って県内の投資・消費に回せば、約４００億円の新たな市場が長野県に生まれたわけです。

ドイツに倣った3つの手法

それには、化石燃料の消費を削減するための「投資」を促進することが重要で、３つの手法を踏まえなければなりません。ドイツでは、これらの手法を踏まえた政策を展開しています。

第一の手法は、省エネへの設備投資です。工場の生産設備を高効率型に置き換えたり、オフィスの照明をＬＥＤに交換したり、住宅の断熱性を高めるリフォームをしたりすれば、利便性に影響を与えることなく、エネルギー消費量とＧＨＧ排出量を削減できます。それに要する投資を、将来にわたって支払うはずだったエネルギー費用の節約分で賄うとすれば、投資額を回収できた時点から後、節約分が利益となって積み上がっていきます。さらに、投資に伴う事業を地域の事業者が請け負えば、資金の流れを域外流出から域内循環に切り替えることを意味し、地域の総生産額が増加、すなわち地域経済が成長します。例えば、住宅の断熱リフォームを地元の工務店に依頼すれば、海外に光熱費として支払わなければならなかった資金を、工務店の職人たちが手にするわけです。

第二の手法は、エネルギー源を地域産の再エネに切り替えることです。消費者からすれば、エネルギーによって得られる明かりや暖かさ、移動などの便益が必要なのであって、エネルギー源が必ずしも化石燃料である必要はありません。支払う費用が変わらないならば、太陽光の電気や薪の熱でもいいわけです。そこで、域外に本社のある化石燃料等のエネルギー会社に代えて、地域の再生可能資源からエネルギーを生み出し、適切な価格で供給する事業者を選択すれば、資金の流れを域外流出から域内循環に切り替えることができます。例えば、温浴施設の重油ボイラーを木質ボイラーに替えて、地元の森林組合がチップを供給すれば、燃料代の支払先を海外の油田から地元の山へ変えることになります。

第三の手法は、地域産の再エネを域外の大都市に販売することです。大都市のエネルギー消費量は、自給できる潜在力をはるかに上回ります。そのため、大都市が海外から購入する化石燃料を減らそうとすれば、国内の他地域から再エネを供給する必要があります。国全体で見れば、大都市が海外から輸入する化石燃料を減らし、国内の他地域から供給した分だけ国の総生産が増加します。遠方の大都市に供給できる再エネは、遠くに効率よく運べるエネルギー、すなわち電気になります。

エネルギーの地産地消についての誤解を解く

環境と経済の両立は「エネルギーの地産地消」と同じ意味だと、しばしば誤解されます。どちらも省エネや再エネを普及する点で同じなのですが、その意味合いは異なります。

環境と経済の両立は、エネルギーに絡む資金の流れに着目します。エネルギーは手段であって、域外に流出する資金を減らし、域内の資金循環を拡大することが目的です。省エネや再エネは、そのための有効な手法です。その結果として、地域のエネルギー自給率が高まったり、GHG排出量が減ったりします。

他方、エネルギーの地産地消は、エネルギーそのものの流れに着目します。地域資源によるエネルギーを、地域で消費することを重視します。エネルギーに特段の知識を持たない人にも分かりやすいため、多くの自治体で理念や目標として使われています。

ところが、この見方は資金の流れに注意が及びにくいのです。例えば、域外から事業者がやって来て、地域で太陽光発電を始めたとします。その電気を地域の企業や住民が購入すれば、エネルギーの地産地消になりますし、GHG排出量の削減につながります。ところが、発電事業の収益は、域外の事業者が手にします。資金の流れで見れば、エネルギー代金として域外に資金流出する構造は従来と同じで、エネルギー源が化石燃料から地域産の再エネに変わっただけなのです。

つまり、エネルギーの地産地消だけでは、省エネや再エネを経済に結びつけることになりません。再エネを域外から誘致し、補助金や税制優遇、公有地の安価提供などをしてしまえば、資金収支がマイナスにもなりかねません。それでは、貧者から富者への資金提供になってしまいます。

地産地消は、目標（ゴール）ではなく、出発点として捉えるべきものです。もちろん、地産地消を全面否定するわけではありません。分かりやすさという点で優れたフレーズですし、資金の流れに注意を払って政策を構築すれば、地域を貧しくするような事業を促進することはないでしょう。

それでも、地産地消にこだわりすぎると、再エネの販売によって地域に得られるはずの外部からの利益を、逸失してしまいかねません。大都市はエネルギー需要が大きく、再エネ潜在力が小さい一方、地域は需要が小さく、潜在力が大きい状態です。そこに着目し、大都市と地域を再エネで結べば、大都市から地域への資金流入を促進できます（図表4）。

域外から購入する財を、域内生産の財に置き換え、域内生産の財を域外に販売して利益を獲得するのは、地域発展の基本原則です。それをエネルギーで実現するのが、環境と経済の両立です。都市研究家のジェイン・ジェイコブズは、[*6]域内生産の財に置き換えることを「輸入置換」と呼び、それが「都市のたどる当然の過程」と分析しています。「輸出向け財の生産は、都市の輸入置換過程が進むのに役立つ」と評し、それらの過程を経ることで、地域が発展すると述べています。

エネルギーの特徴は、近年の技術発展により、他の財よりも域内生産に置換しやすい財であることです。しかも、再エネ電気はＦＩＴにより、一定の収益を確保した価格で、必ず全生産量を買い取っ

図表４　再エネにおける大都市と地域の関係

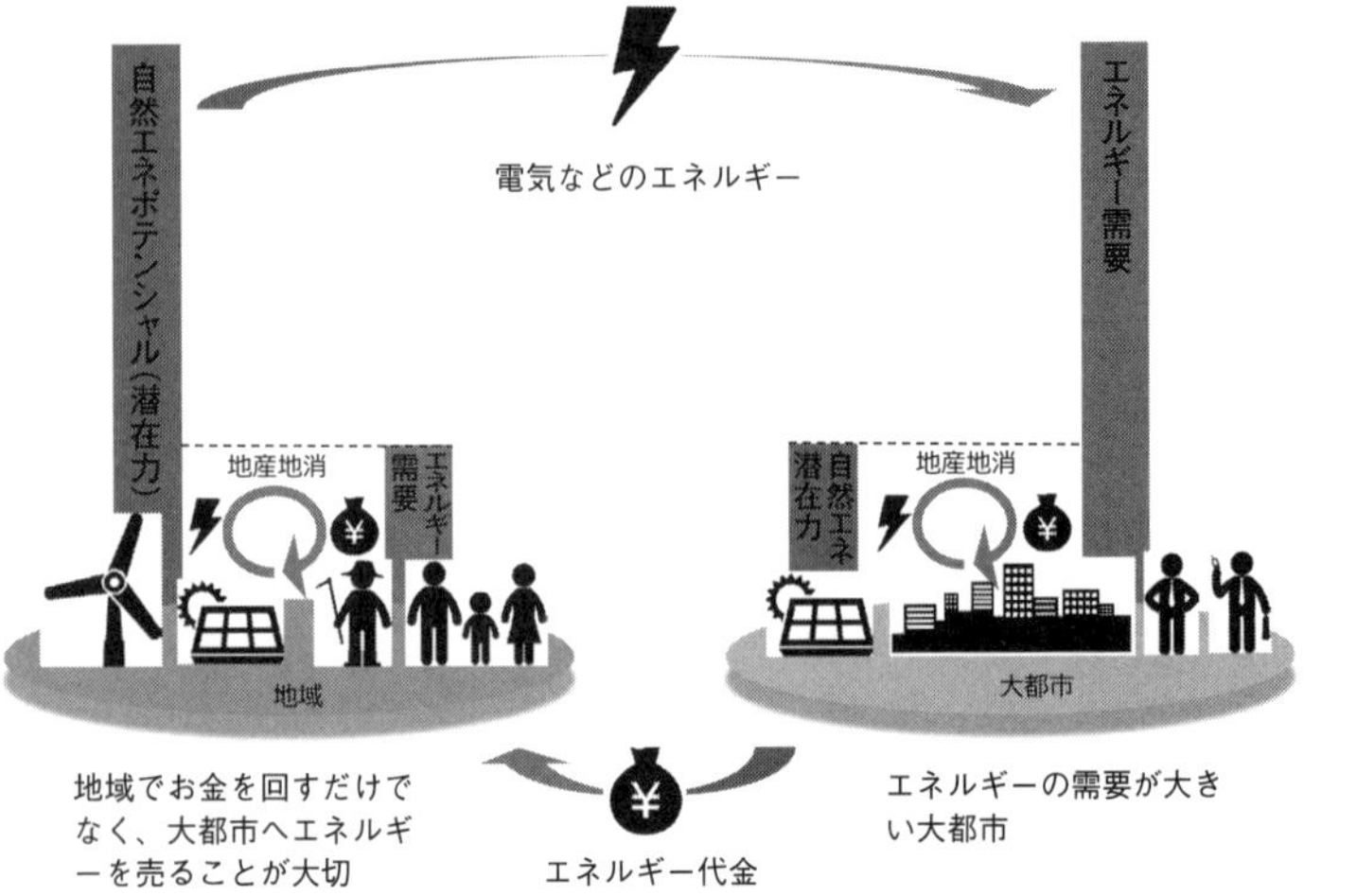

（出典：自然エネルギー財団「地域エネルギー政策に関する提言」）

てもらえます。その代金は、国内の消費者が広く支払いますが、大都市の企業や住民がその中心になります。ＦＩＴは、エネルギーの大都市への販売にかなり近い制度なのです。活用しない手はないでしょう。

大都市と農山村のエネルギー連携――両者が得をする仕組みとは

両立メカニズムは大都市から見れば、大都市と農山村のエネルギー連携になります。大都市が、エネルギーの供給元を海外から農山村に切り替えれば、資金の流れも変わります。農山村は、食料に加えてエネルギーの供給元となり、住む人たちの雇用や所得の向上につながります。

戦後、大都市は農山村から働き手と富を集積し、高度経済成長を成し遂げました。農山村から就職する若者は、基礎教育を受けていたため、大都市の職場で即戦力として活躍できました。農山村でお金と手間をかけて育成した人材を、大都市の働き手としたのです。それは、農山村の富を大都市に移転したことを意味します。

一方、大都市の側も農山村に対して富の再分配をしてきました。工場の地方移転や公共事業によって、経済成長の果実を地方に行き渡らせたわけです。それにより、農山村でも現金収入を得やすくなり、生活水準が向上しました。そのため、次第に大都市への人口流入も弱まりました。

現在は、この関係が崩れています。大都市への人口流入が再び増加する一方、多くの工場が海外に移転し、公共事業も財源が尽きてきました。2012年に自民党政権が復活し、公共事業予算は再び増え始めましたが、かつて年間10兆円を超す年もあったときに比べれば、6兆円程度になっています。[*7]

大都市と農山村のエネルギー連携には、両者の関係を是正する意味もあります。大都市の富を減らすことなく、農山村の富を増やすことになるため、両者の摩擦も起きません。富が減るのは、化石燃料等の供給元の海外だからです。大都市は、エネルギー代金の支払先を変えるだけです。

大都市には、これにより追加的なメリットが生じます。排出するGHGを大幅に削減し、将来的にゼロに近づけることができるからです。農山村から供給されるエネルギーは再エネです。農山村とのエネルギー連携で、再エネ100%都市を実現できるのです。

この連携は、既に始まっています。第一号の事例は、東京・丸の内の新丸ビルで導入している「生グリーン電力」です。2010年4月から新丸ビルは、青森県の風力発電所からの送電で、使用するすべての電力を賄っています。

長野県では東京都世田谷区と連携し、すべての区立保育園（41か所）に再エネ電気を供給しています。県企業局が発電した水力の電気を、民間の新電力を通じて、区立保育園が購入し、使用する電気を賄っています。県はＦＩＴよりも高く電気を買ってもらい、区は電気代を安くできた上に、保育園で使う電気の再エネ化を実現しました。

この取組みは、単に利益を追求したものではなく、大都市と農山村のエネルギー連携を明確に意識したものです。阿部知事と世田谷区の保坂展人《のぶと》区長が会談したとき、大都市と農山村の連携が重要との認識で一致し、それが発端になりました。

ドイツでも、大都市が域外から再エネを調達する取組みが進んでいます。例えば、南ドイツの大都市ミュンヘンは、省エネと都市内部での再エネ開発を進めるとともに、域外からも調達することで、２０２５年までに電力需要１００％を再エネで賄うことにしています。[*8]

５つの数値目標

環境エネ戦略は、環境と経済の両立という基本目標の下に、５つの数値目標を設定しています。「ＧＨＧ総排出量の削減目標」「最終エネルギー消費量の削減目標」「最大電力需要の削減目標」「再エネ導入量の拡大目標」「再エネ発電設備容量の拡大目標」です（図表５）。

ＧＨＧ総排出量は、環境に関する要素を広範に含む数値です。エネルギーだけでなく、フロン類排出量や廃棄物焼却量、森林のＧＨＧ吸収量も反映されるため、環境に関する取組みを総合的に把握できる点が長所です。しかし、国の「都道府県エネルギー消費統計」の発表を待たなければならず、３年後の把握となるのが短所です。

最終エネルギー消費量は、エネルギー種別に使用量を把握できます。電気・熱・燃料という種別ごとに目標を立てることは、ドイツでも行っています。エネルギー政策を進める基本となるデータである点が長所です。一方、これも都道府県エネルギー消費統計のデータを用いるため、タイムラグがあります。

最大電力需要は、域内での電力ピークを示すもので、翌日に把握できます。把握まで3年のタイムラグがある他の数値に比べれば、比類なきスピードです。時間ごとの電力需要が把握できるため、時間帯を絞ったピンポイントな対策を立てることもできます。ただ、電気だけしか分からないことに加え、使用量が分からない点は短所です。

再エネ導入量は、域内で1年間にどれだけのエネルギー量を生み出したかという数値です。ただ、把握が容易でありません。特に、再エネの熱利用については、統計がありません。長野県では、県や市町村の関係補助金の執行状況の調査で把握しています。そのため、補助金を用いずに普及している小規模な設備は把握が困難です。

再エネ発電設備容量は、ＦＩＴによって把握が容易ですが、熱利用は分かりません。また、実際の

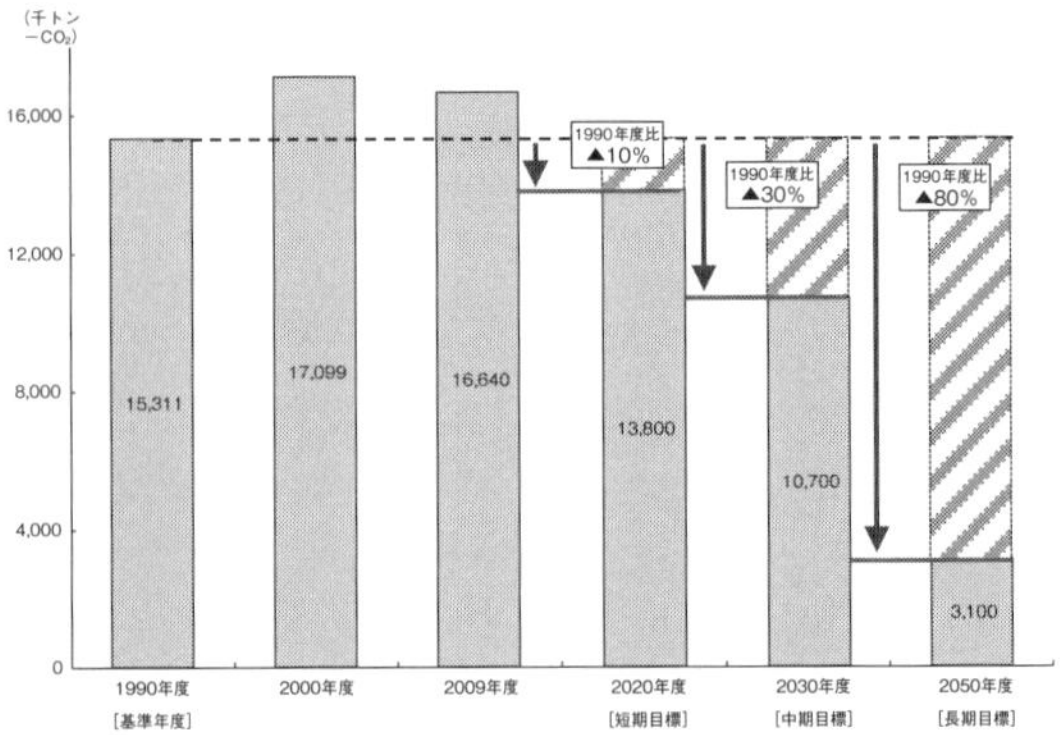

温室効果ガス総排出量の削減目標

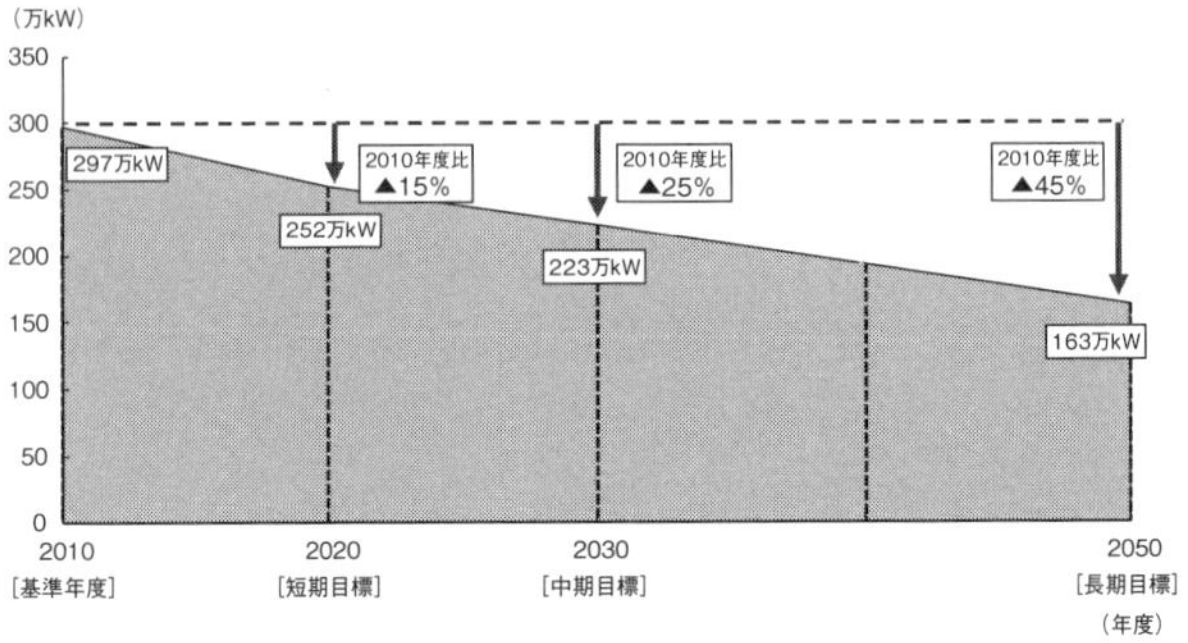

最大電力需要の削減目標

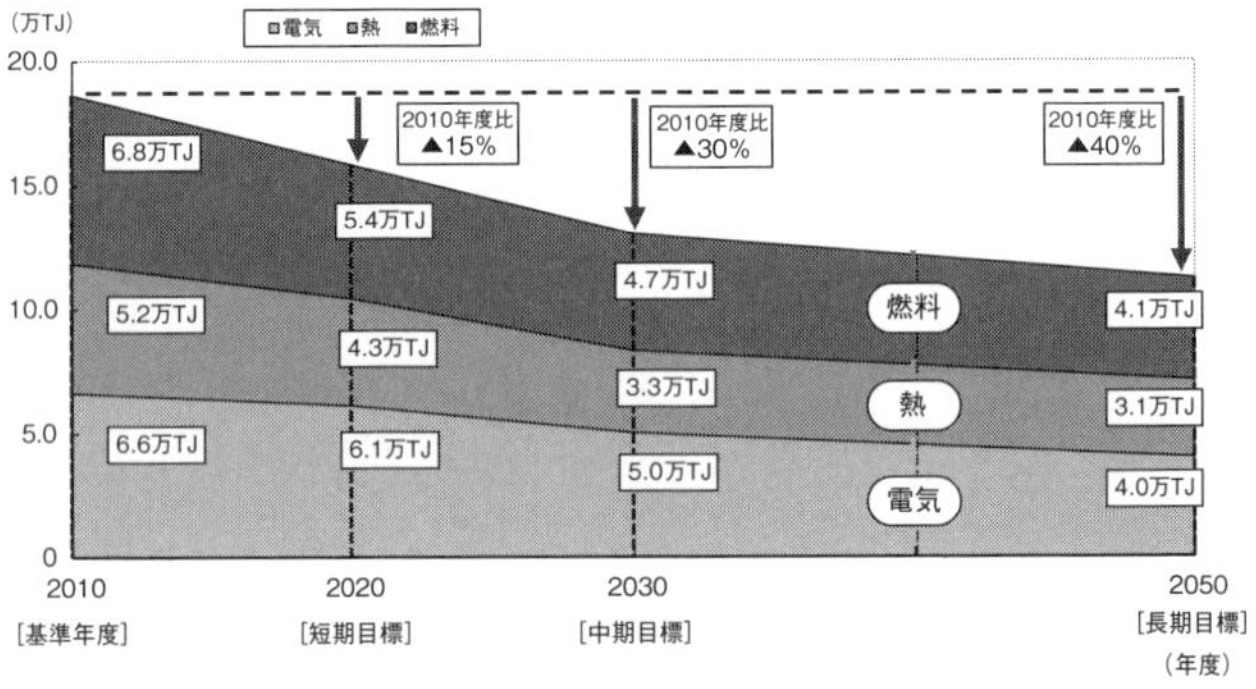

最終エネルギー消費量の削減目標

図表５　２つの拡大と３つの削減——長野県環境エネルギー戦略の５つの数値目標

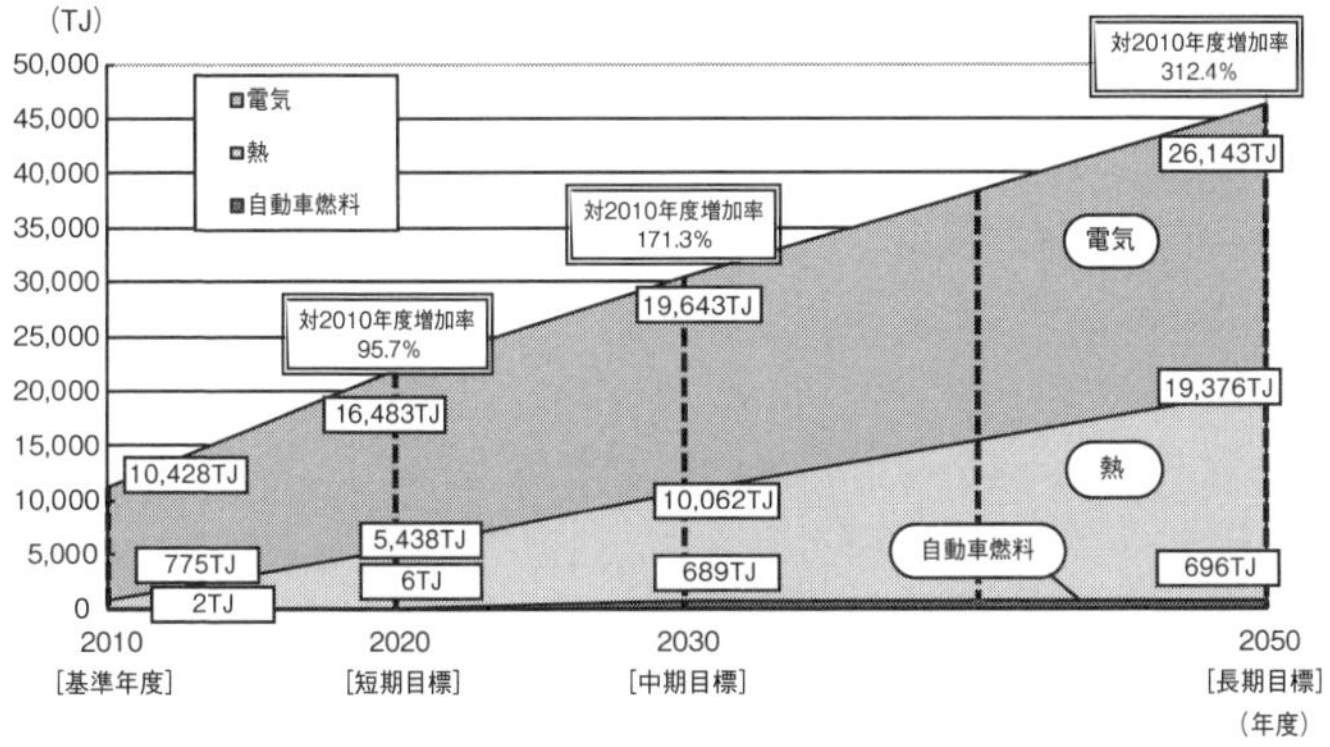

自然エネルギー導入量の拡大目標

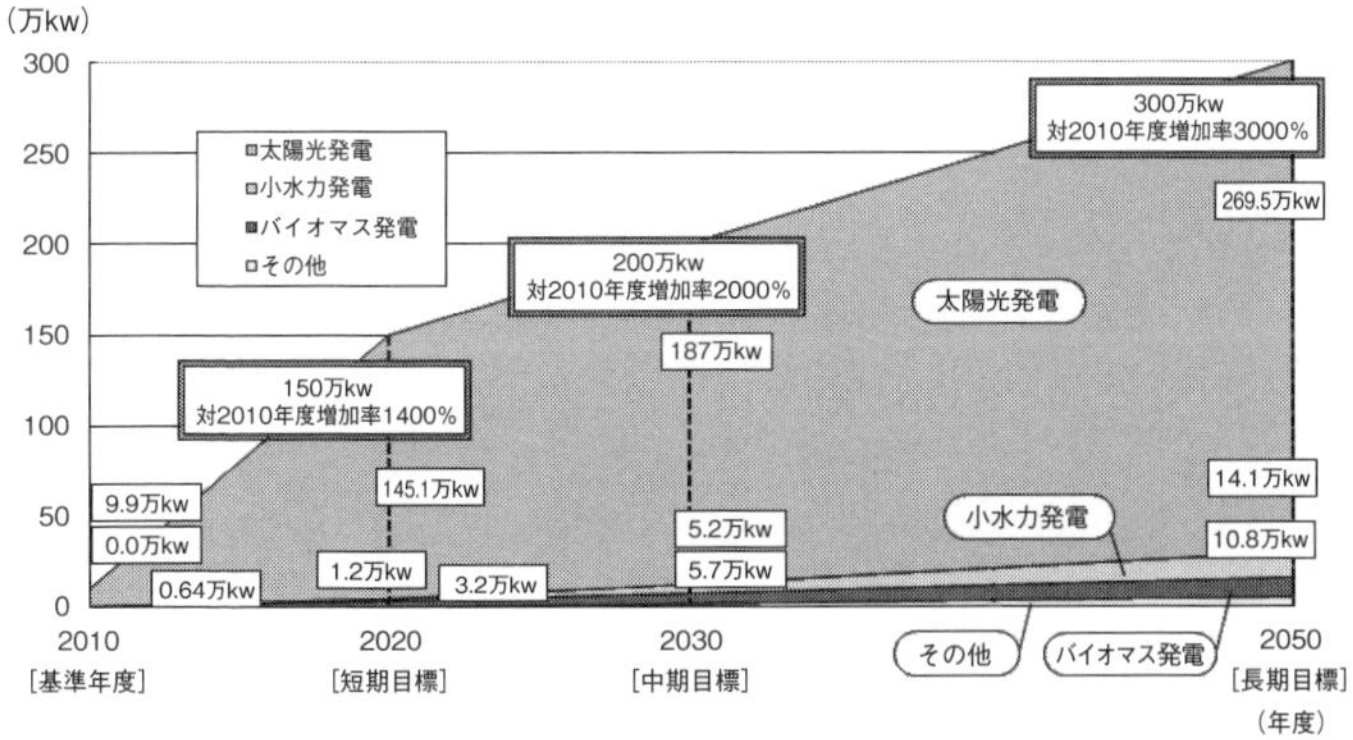

自然エネルギー発電設備容量の拡大目標

（出典：すべて「長野県環境エネルギー戦略」）

稼働状況も分かりません。FITでは、市区町村別に3~4か月後に数値を公表しているので、それを利用します。

このように、5つの目標それぞれに一長一短あります。そのため、環境エネ戦略では、一つの数値目標に絞るのではなく、基本目標の下に5つの数値目標を立て、進捗状況を把握しています。

エネルギー自給率と3つの目標年を定める理由

目標を定めるときは、基準年と目標年が重要になります。同じ比率の削減目標であっても、いつに比べてという基準年と、いつまでに達成という目標年が異なれば、困難さや優先性も異なってくるからです。

基準年については、GHG削減目標のみ1990年とし、他の4目標は2010年としました。4目標について基準年を2010年としたのは、環境エネ戦略の策定当時に得られたもっとも直近の数値だったからです。一方、GHG削減目標のみ基準年を1990年としたのは、国際的な基準年に合わせたためです。GHG削減目標は、国際的な報告や会議などで国内外の他地域と比較することもあると考え、比較しやすい1990年としました。

目標年については、5目標ともに短期2020年、中期2030年、長期2050年と3つ設けました。これも、国内外との比較を容易にするため、国際的な目標年に合わせました。例えばドイツでは、GHGの削減目標について、2020年マイナス40%、2030年マイナス55%、2050年マイナス80~95%と3つの目標年を定めています。

政策の効果を見極めるために、3つの目標年は役立ちます。政策のなかには、毎年の住宅新築を経て、徐々に効果を及ぼすというように、着実でも即効性の低いものがあります。そうした政策は、中期的に効いてくるため、短期の目標年だけならば、優先性を下げられかねません。

参考数値ですが、環境エネ戦略では2種類の「エネルギー自給率」も示しています。自給率を示せば、多くの県民に理解されやすいと考えたためです。一つは、使用量に占める自給量の割合です。分子を「再エネ導入量」に県内の既存水力発電の発電量を足し合わせた数値とし、分母を「最終エネルギー消費量」としました。もう一つは、最大電力需要に対する県内発電設備の割合です。分子を「再エネ発電設備容量」に県内の既存水力発電の発電設備容量を足し合わせた数値とし、分母を「最大電力需要」としました。1年間のうち、県民がもっとも電気を使う瞬間に対し、県内で供給できる能力がどれだけあるのかという、理論的な値です。

ちなみに、環境エネ戦略では「エネルギー自給率」を目標にしませんでしたが、上位の総合計画では、目標として位置づけました。再エネと省エネの進展を同時に測ることができたためです。総合計画に採用された自給率は、後者の「最大電力需要に対する県内発電設備容量の割合」です。この総合計画では、基準を2010年の58・6%とし、計画終了の2017年の目標を100%としています。一般的な「エネルギー自給率」とは異なりますが、把握しやすいという利点があります。

政策転換にじっくりと3年かける

長野県では、地域エネ政策の着手から実行まで3年を要しました（図表6）。これについて、随分と時間をかけたという印象を持つ人がいます。一方、条例の改正を含む、政策の全面的な再構築を行いましたので、早いと思う人もいます。そこで、3年間の取組みについて、時系列で見てみましょう。

政策転換のきっかけは、2010年度の阿部知事の就任でした。阿部知事は「エネルギー自給戦略の策定」と「温暖化対策の強化」を公約に掲げていました。当時の県では、地域エネ政策としての打ち出しをしておらず、温暖化対策の一部として、省エネや再エネに取り組んでいました。その組織も「環境政策課」の一つの係（温暖化防止係）にすぎませんでした。知事は、翌年度（2011年度）から係を課（温暖化対策課）に昇格させ、人員を強化することにしました。

新しい課の最初の役割は、政策の全面的な再構築でした。それを提案し、予算を確保したのは、当時の温暖化防止係長です。政策再構築に否定的な上司を相手に、頑張って確保しました。係長の奮闘がなければ、政策転換の3年間は幕開けすらしませんでした。

政策転換の1年目（2011年度）は、既存政策の評価と新たな政策の方向性を検討しました。検討会がその場となりました。同時に、専門事業者に調査を委託しました。いずれも、あらかじめ予算を確保しておかなければ実行不可能でした。

図表6　長野県のエネルギー政策の推移

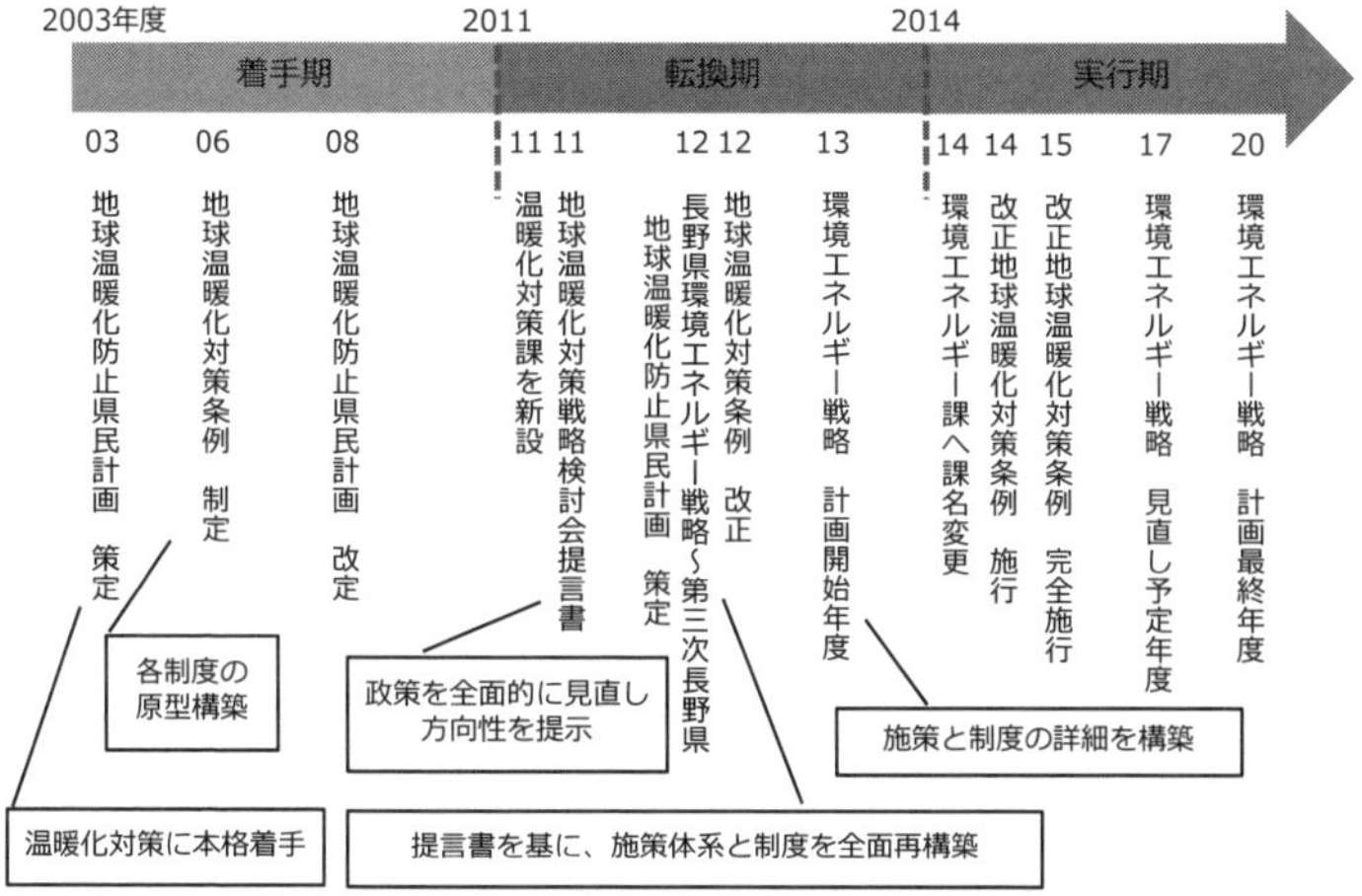

（出典：長野県環境エネルギー課資料）

1年目の検討によって、環境と経済の両立という基本的な方針、それに沿わない既存政策の洗い出し、政策の再構築の方向性を示すことができました。内外の先進政策の情報収集、事業者の省エネ取組みの実態把握、再エネ導入のポテンシャル、地球温暖化の県内影響、県民意識の把握など、政策再構築の上で必要となる情報も整理できました。

検討作業は、順調に行きませんでした。福島原発事故があり、スケジュールが大幅に遅れました。県内でエネルギーに対する関心と不安が高まり、温暖化対策課は、年度当初から対応で手いっぱいになりました。そのため、第1回の検討会の開催は10月になってからで、1年間で想定していた作業を、実質的に半年で終える必要がありました。そのため、スタッフは日中に通常業務を行い、夜に検討作業を行うという過酷なスケジュールとなりました。

政策の企画と合意形成の場を分ける

政策転換の2年目（2012年度）は、環境エネ戦略の策定と地球温暖化対策条例の改正を行い、新しい方針と再構築した政策を確定させました。環境エネ戦略は、方針と目標、そのための政策を規定するもので、条例は県民の責務や義務を要する制度を規定するものです。政策を実行するとしても、県民に一定の行動を強制したり、何らかの行動を制限したりするものであれば、必ず条例を必要とします。

2年目の特徴は、政策を企画する場と合意形成する場を分けたことです。これは、都環境局が排出量取引を導入した手法を参考にしました。たいてい、政策検討の会議は、専門家と利害関係者で委員を構成します。すると、利害関係者は自らのプラスになる政策に固執し、マイナスになる政策を全面否定します。これは、利益団体を代表して委員を引き受ける以上、やむを得ないのですが、検討が暗礁に乗り上げる原因になります。検討を通じて、委員がより良い考え方に「変容」すること、より良いアイデアを「創出」することが、政策企画の前提です。一方、利益団体は、利益や懸念を明確に示すことで、社会の発展に寄与する存在です。そこで、場を分け、相互にフィードバックすることとしました。

企画の場としては、環境審議会の下に専門委員会を設け、利害関係のない専門家で構成しました。ここでは、前年度の検討会提言書を受けて整理した、33の具体的な論点について、一つ一つ議論し、結論を出していきました。

他方、合意形成の場として「ステークホルダー会議」を2回開催し、35の関係団体が意見を述べました。関係団体として会議に出席したのは、電力会社などのエネルギー事業者、経営者や建設などの経済団体、環境保全に取り組むNGO、労働や法律などの専門団体です。1回目は、前年度の検討会座長が提言書を説明し、政策の方向性という「総論」について議論し、全団体から賛同を得ました。2回目は、専門委員会委員長が目標や政策の案という「各論」を説明し、様々な意見を得ました。示された課題を踏まえた修正もしました。その結果、全団体の賛同が得られたため、3回目を開催するには至りませんでした。

政策転換の3年目(2013年度)は、政策の細部の設計と予算編成、翌年度(2014年度)からの条例施行に向けた準備を行いました。いわば実行までの準備期間で、もっぱら県内部での作業になります。細かな規定や提出する書類の書式などを定める作業は、手抜かりが許されず、膨大な量があるため、根気と集中力の勝負になります。事業者などの関係者に対して、政策の詳細を理解してもらうことも実効性を確保するために重要で、県内各地で説明会を開催しました。技術的な質問が飛び交い、担当者は緊張を強いられます。もっとも重要なのは、政策執行の担い手を庁内で決めることで、しばしば延々と押し付け合いの議論になります。環境エネ戦略や条例で定めた政策でも、予算が確保できなければ実行できないため、3月の議会で予算が成立するまで、気の抜けない1年間になりました。

政策転換を終えた2014年度からは、温暖化対策課の名称が「環境エネルギー課」に変更され、名実ともに環境エネ戦略の推進主体になりました。課の担当業務は、温暖化対策課のときと同じでしたが、スタッフの間には、実行期に突入したという自覚が高まりました。

環境エネルギー政策と地球温暖化対策の統合

環境エネ戦略には、もう一つ「環境エネルギー政策と地球温暖化対策の統合」という特徴があります（図表7）。国では、エネルギー政策を経済産業省が、温暖化対策を環境省が担い、連携はしていても、傍から見ているとタテ割り感が否めません。それどころか、エネルギー政策の枠組みが先にあり、その枠内で温暖化対策を推進するという、エネルギー政策に温暖化対策が従属しているような印象すら受けます。

「環境エネルギー政策」とは、省エネと再エネに加え、エネルギー適正利用、ピーク抑制、エネルギー自立地域づくりからなります。後3者はいずれも、GHG排出量削減の観点では十分に取り組まれてこなかったものです。ちなみに、自治体で扱えるエネルギーは、実質的に省エネと再エネに限られるため、環境エネルギー政策と地域エネ政策は同義です。

エネルギー適正利用とは、電気やガスなどのエネルギー源を選択する際、それらがつくられる段階（一次エネルギー）でのエネルギー効率を考慮することです。発電効率は平均40％で、電気をつくる

図表７　環境エネルギー政策と地球温暖化対策の統合
国政レベルでは経済産業省と環境省が別々に担当する分野を、長野県では統合して考えます。

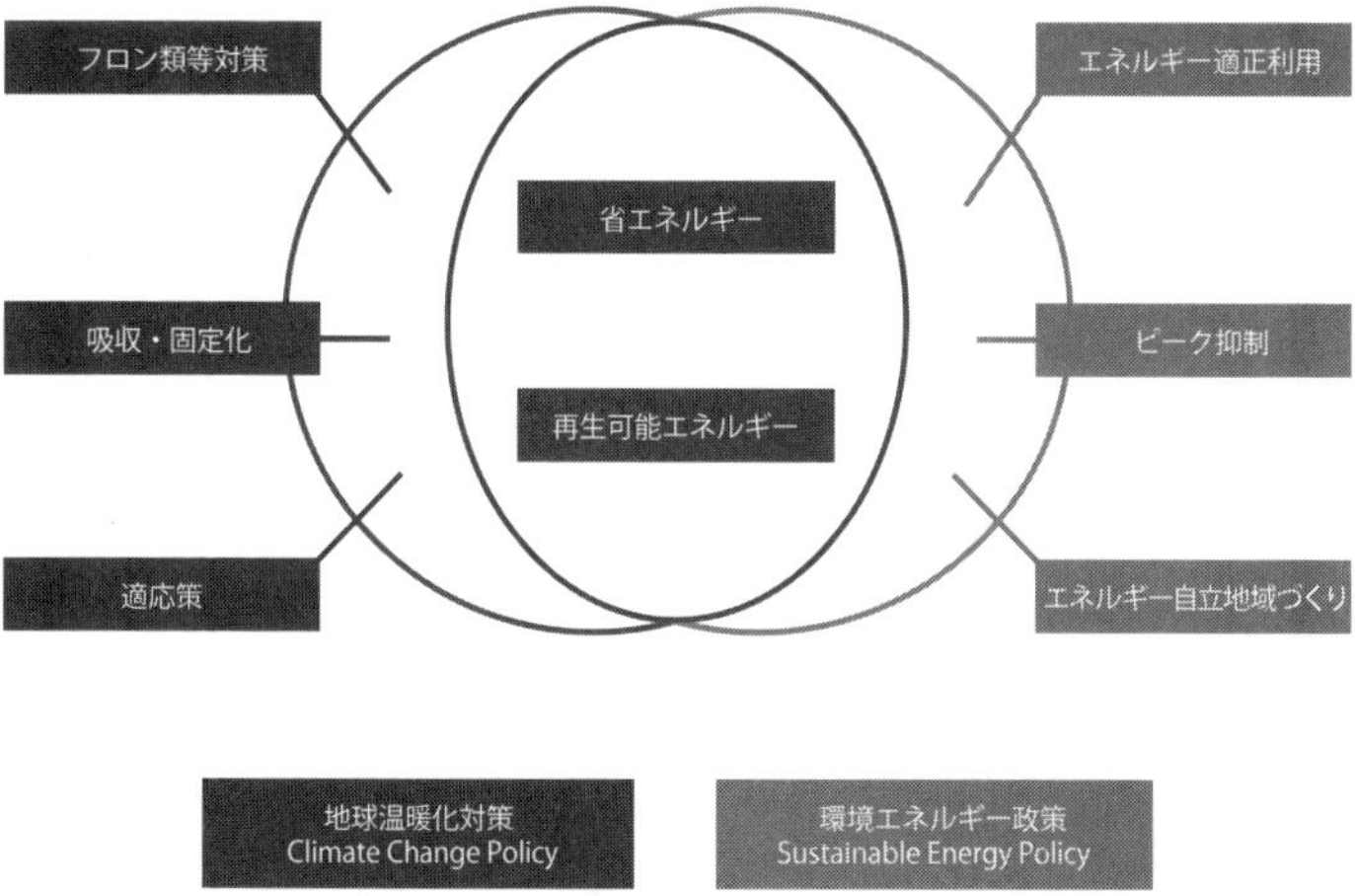

（出典：「長野県環境エネルギー戦略」）

ために、発電所の段階で既に60％が熱として捨てられています。そうしてつくられた電気を再び熱として使うのは、もったいないことになります。

ピーク抑制とは、エネルギー使用の変動、特に突出（ピーク）を緩やかにすることです。ピークは、エネルギー使用の集中で起こります。それを分散することで、総合的には同じエネルギー使用量でも、エネルギー設備への投資を抑制できます。その分だけ、エネルギー費用という社会的コストを抑えることが狙いです。

エネルギー自立地域づくりとは、エネルギーのあり方を考えた持続可能な地域を目指すことです。化石燃料等から再エネに転換することを通じて、地域内の資金循環を拡大する取組みや、地域資源を活用することで、災害でライフラインを寸断されたときでも最低限のエネルギーを確保できるようにする取組みなどです。

「地球温暖化対策」は、省エネと再エネという共通事項に加え、フロン類等対策、吸収・固定化、適応策からなります。後3者は、温暖化対策に特有で、地域エネ政策の文脈からは出てきません。

フロン類等対策とは、化石燃料由来のCO_2以外のGHGについて、使用・排出を抑制し、回収・破壊を行うことです。フロン類等は、CO_2よりも温室効果の高いガスです。これらがGHG排出量の約3分の1を占めています（残り3分の2は化石燃料由来です）。

吸収・固定化とは、森林成長によるCO_2の吸収と、木材利用による長期固定化を進めることです。木は成長した分だけCO_2を吸収したことになります。森林面積を増やせば当然吸収量は増えますが、同じ森林面積でも古木を伐り若木を植えれば吸収量が増えます。また、木は腐ったり燃やしたりすればCO$_2$を吐き出してしまうため、伐り出した木を木材として長期間使えば、それだけCO_2を固定化できます。

適応策とは、長期的に見てある程度は避けられない気候変動に対し、影響を予測して備えておくことです。これまで、人類は産業革命以来、多量のGHGを既に大気中へ放出してしまったため、2100年頃までに世界の平均気温が、産業革命時に比べて少なくとも1・5度上昇することは避けられません。避けられない気候変動に対し、社会への影響を最小限にするため、今から災害や農業、その他の影響が予測される分野で、国レベルの対策が始まっています。影響は地域ごとに異なるため、自治体での対策も重要と考えられています。

長野県では、以上の環境エネルギー政策（地域エネ政策）と温暖化対策を統合し、一つの計画としました。当初は、計画を別々に立てる考え方も庁内にありました。けれども、どちらも省エネと再エネという基本は共通します。別々にしては、二度手間になり、その分だけ予算や人員が空費されます。そのため、両者を統合した計画にしました。

環境エネ戦略の正式名称は「長野県環境エネルギー戦略～第三次長野県地球温暖化防止県民計画」です。これは、二つの分野を統合した計画だからです。

全国的には、地域エネ政策と温暖化対策を別々に計画する方が多数派です。「自然エネルギー財団」のレポート[*9]によると、エネルギーに関する計画を策定している37都道府県のうち、一体化しているのは長野県を含む5都県のみです。レポートは、計画を別々に策定することについて、「ただでさえ乏しくなりがちな予算や職員などの行政資源を計画策定や進捗管理のため、重複的に費やしていることになる」「組織間や計画間の連携が十分でなければ、政策の効果も低下する」と指摘しています。

第2章　信州エネルギーシフトを推進する8政策

主要8政策

長野県は、環境エネ戦略に基づき、8つの主たる政策を展開しています。その他については、次章で紹介します。

◉第一は、事業活動の省エネを促進する政策です。条例に基づく「事業活動温暖化対策計画書制度」（以下、事業計画書制度）により、エネルギーを多消費する事業所（工場やオフィス）での対策を促しています。

◉第二は、省エネ型家電の選択を促進する政策です。条例に基づく「家電省エネラベル掲出制度」により、家電販売店で「統一省エネラベル」（以下、省エネラベル）の掲出を義務づけています。

◉第三は、家庭に対し省エネの手法を助言する政策です。事業者との協定に基づく「家庭の省エネサポート制度」により、家庭への訪問による省エネのアドバイスをしています。

◉第四は、新築建物の省エネ化と再エネ導入を促進する政策です。条例に基づく「建築物環境エネルギー性能検討制度」（以下、建物エネ性能検討制度）、「建築物自然エネルギー導入検討制度」（以下、建物再エネ検討制度）で、性能や導入の検討を施主に義務づけています。

◉第五は、県内の電力需要の抑制を促進する政策です。関係団体と実行委員会を構成し、夏と冬に節電を呼びかけるキャンペーンを実施しています。

◉第六は、再エネ事業の担い手を増やす政策です。県内の産官学民で構成する信州ネットと連携し、県民や地域団体、中小企業、市町村による事業を推進しています。

◉第七は、再エネ発電事業の資金調達を支援する政策です。事業のネックとなりやすい資金について、調達を支援するための特別な補助金を運用しています。

◉第八は、再エネの熱利用事業を促進する政策です。ＦＩＴのような国の支援制度がないため、県独自で補助金を設けています。

事業活動温暖化対策計画書制度——事業所の省エネ

長野県内のＧＨＧ排出量の約半分は、事業活動で占められています（２００９年度49・７％）。これには、トラックなど物流の排出量は含まれていません。それだけ、事業所でエネルギーを使用したり、フロン類等を排出したりしているのです。

長野県では、事業活動のGHG排出量削減を進めるため、2006年度から事業活動を対象にした制度を運用しています。一定以上のエネルギー使用や自動車保有の事業所に対し、GHG排出量の削減計画と実績報告について、毎年の提出を義務づける制度です。

ところが、制度開始当時は、計画と報告を県で受け取り、それを公表するだけで、実効性に欠けていました。計画と報告の内容を精査することもなければ、県の意見を事業所にフィードバックすることもありませんでした。

そこで、2012年度に条例を改正しました。手本としたのは、都の2005年の制度強化と、横浜市の2009年の制度強化でした。両自治体ともに、長野県より早く同様の制度を導入し、実効性という課題に気づいていたのです。

制度強化のポイントは、計画作成前の助言、計画と報告への評価、現場への立入指導を導入することでした（図表1）。作成前に助言することにより、意欲的な目標設定を促し、詳細な内容について記入漏れを防ぐことができます。評価により、計画と報告の内容を事業者にフィードバックすることができ、立入指導により、現場での課題を指摘し、具体的な改善を促すことができます。都や横浜市でも同様の強化によって、実効性を高めていました。

対象となる事業者も拡大し、事業活動からのGHG排出量のうち半分（県内排出量の4分の1）を対象にしました。県内事業所を合算し、原油換算で年間1500kℓ以上のエネルギーを使用する事業者、自動車を200台以上保有する事業者、県内の事業所を合算してフロン類等をCO_2換算で年間3000t以上排出する事業者について、対象としました。

また、計画書の書式を拡充し、エネルギー使用の見える化とエネルギー管理を実質的に義務化しました。書式で主な機器とエネルギー使用量をリスト化し、受理前にチェックすることで、見える化を徹底しました。同様に、エネルギー管理の実施を評価項目として重視し、不十分な事業所を重点的に立入指導しています。

加えて、従業員の通勤と来客（特に商業施設）の交通への環境配慮や公共交通機関への誘導、次世代自動車の利用促進、事業所に出入りする物流の効率化、環境マネジメントシステムの導入、設備導入やクレジット購入による再エネの活用についても、計画への記載を求めています。

強化した制度は、2014年度から運用しています。第1計画期間（2014~2016年度）には、約280事業者が提出し、県のホームページで計画を公表しています。最高ランクの評価を受けたのは2社でした。

制度は効果を上げています。2013年度に対し、2015年度ではすべての業種でGHG排出量が減少していました[*10]。エネルギー管理ルールの設定は、2013年度で実施率57%だったものが、2015年度は71・1%に上昇。エネルギー使用実態の把握も、2013年度の実施率34・9%が、2015年度49・4%に上昇していました。設備更新の実施も3・8%から19・1%に上昇し、この制度が省エネ設備投資を誘発していると分かります。

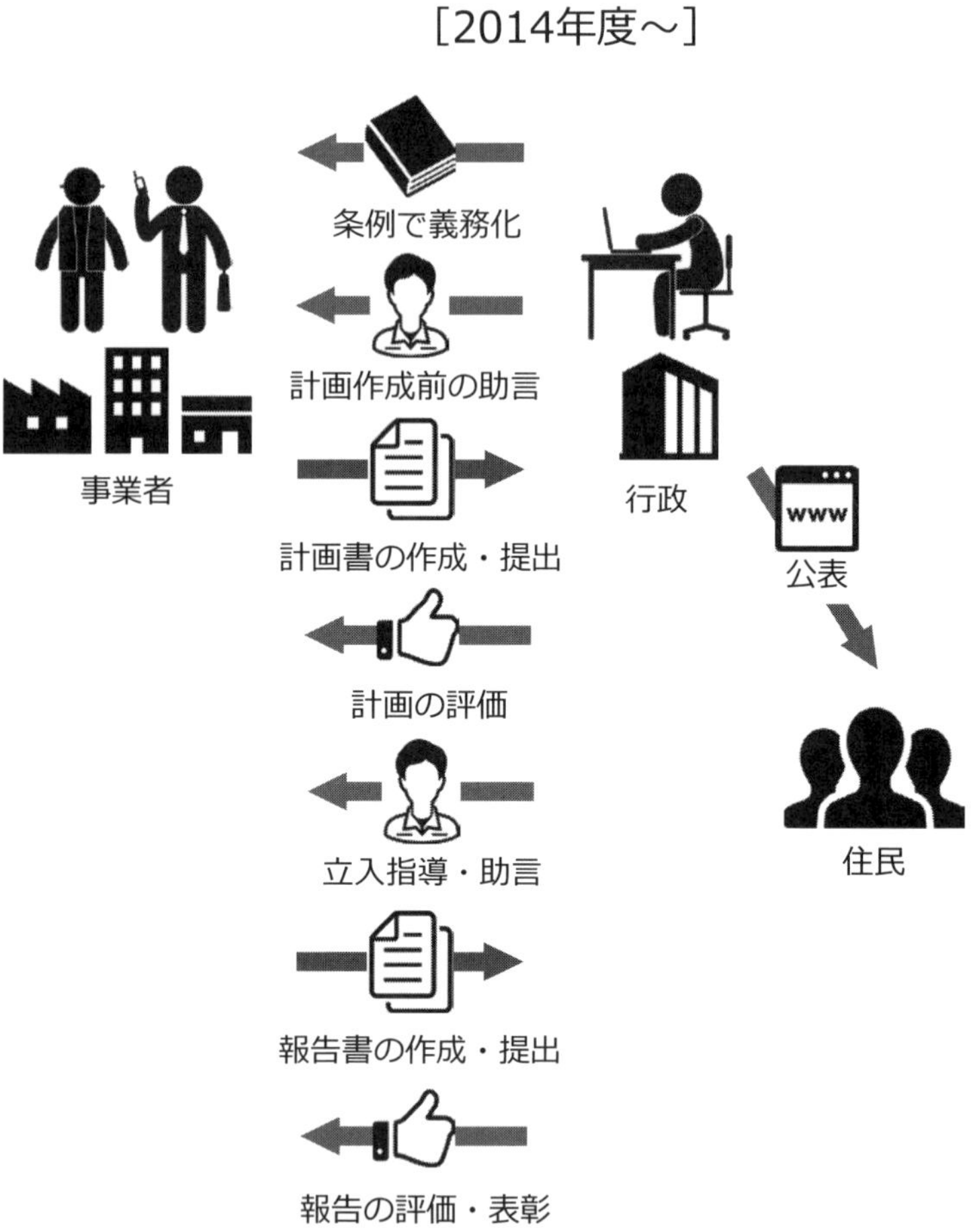

（出典：自然エネルギー財団「地域エネルギー政策に関する提言」を一部改変）

図表１　事業活動地球温暖化対策計画書制度の概要
2014 年度以降、事業者と行政との連絡を密にし、計画作成前の助言、評価、立入指導などを導入することで実効性を高めました。

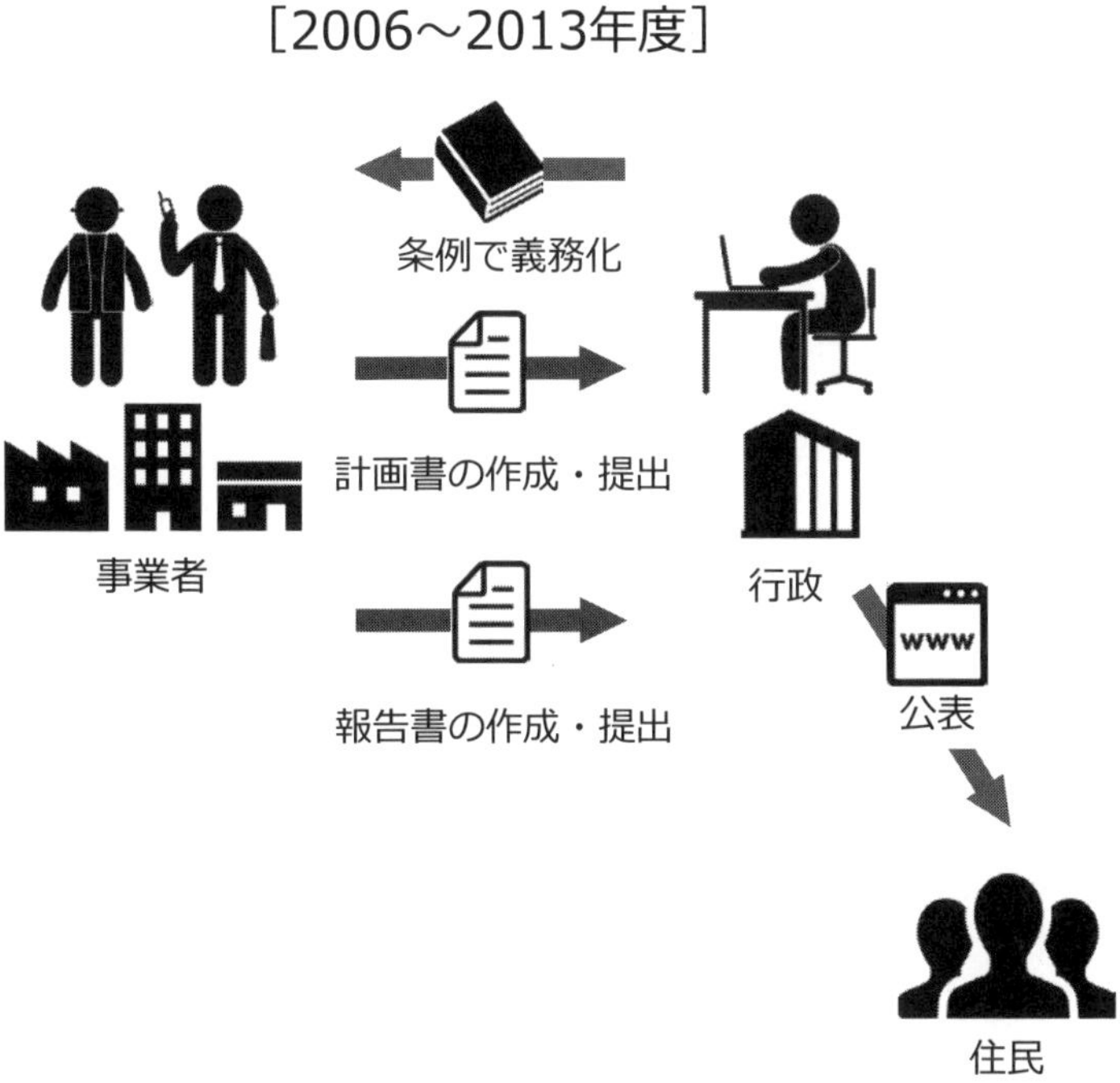

事業所対策のカギは、専門人材の確保

ドイツでは、エネルギーを多消費する事業者に対し、EU共通の排出量取引制度（EU－ETS）で対応しています。排出量取引とは、事業者ごとに排出できるGHGの上限を設け、それよりも削減できた場合には、上限と排出量の差を「排出枠」として販売することが可能な制度です。逆に、上限よりも多く排出した事業者は、排出量と上限の差の分だけ排出枠を購入しなければなりません。そのため、GHG排出量を上限よりも削減した事業者は排出枠販売の利益を得られ、上限よりも多く排出した事業者は、排出枠購入の損失となります。事業者は利益追求の観点から、GHG排出量を減らそうと取り組むことになります。また、事業者全体から排出されるGHGの総量をコントロールできるため、着実に排出量を削減できます。排出量取引は、環境と経済を両立させられるため、国際的に温暖化対策で重視される政策になっています。

日本で総量削減義務を課した排出量取引を導入しているのは、東京都です。都は、原油換算で年間1500kℓ以上のエネルギーを使用する事業所に対し、CO_2排出量削減の義務を課しています。都環境局の発表によると[*11]、第一計画期間（2010～2014年度）において「事業所の総床面積が増加する中でも25％削減を達成」し、9割の事業所が省エネによって削減義務を達成しました（残りの1割は排出量取引によって削減義務を達成）。主たる対象事業者はオフィスのため、総床面積の増加は、経済活動の拡大を意味します。都は、経済発展しつつ、CO_2排出量を削減できたのです。

都の制度は、それまでの事業計画書制度を土台として、それを強化するかたちで導入されました。

都は２００９年度まで、長野県の強化した事業計画書制度と同様の制度を実施していました。排出量取引でもっとも難しいのは、事業者への削減義務量の割り当てです。都は、それまでの計画書制度で詳細なデータを得て、専門的な知見を有する職員を育てていたため、削減義務量の割り当てで事業者の理解を得ることができました。

排出量取引でも事業計画書制度でも、カギは専門人材の確保です。事業者から提出される計画を精査し、書類と現場を対照して課題を見抜き、事業者の担当者から一目置かれる人材が必要になります。長野県では、これまで人事の幸運によって、専門人材を確保できていますが、本来は制度的な仕組みが必要です。そこで、民間企業で仕事をしていた「エネルギー管理士」を嘱託スタッフとして雇用し、担当者を補佐してもらっています。また専門性の極めて高い業務は、専門事業者に委託しています。さらに、スタッフを都環境局に派遣し、１年間かけて排出量取引や事業者対策の実務をあらかじめ学んでもらい、その後に担当者として配置することもしています。

全国の制度導入状況を見ると、排出量取引や長野県レベルの事業計画書制度を導入しているのは、未だ少数派です（図表２）。総量削減義務のある排出量取引を導入しているのが東京都、自主目標に基づく排出量取引を導入しているのが埼玉県、事業者の評価を行う強化した計画書制度を導入しているのが長野県、京都府、大阪府です。制度の導入にすら至っていない県も17あります。「自然エネルギー財団」では、全国的に少なくとも長野県と同等の制度を導入するよう、提言しています。

図表２　都道府県の制度導入状況

キメ細かいフィードバックを制度に組み込むことで、実効性が高まります。

	地球温暖化対策計画書制度（排出量取引制度含む）				建築物計画書制度			家電省エネラベル掲出義務
	制度の有無（レベル1）	指導助言立入（レベル1.5）	評価・格付（レベル2）	総量削減義務（レベル3）	計画書義務（基本型）	評価義務（発展型）	自然エネ検討義務	
北海道	○				○			○
青森県								
岩手県	○							
宮城県								
秋田県	○	○						
山形県								
福島県								
茨城県	○	○						
栃木県	○							
群馬県	○	○						○
埼玉県	○	○	○		○	○	○	○
千葉県								
東京都	○	○	○	○	○	○	○	○
神奈川県	○	○			○	○	○	
新潟県								
富山県								
石川県	○							
福井県								
山梨県	○							○
長野県	○	○	○		○	○	○	○
岐阜県	○				○			
静岡県	○				○			○
愛知県	○				○			
三重県	○							
滋賀県	○	○						
京都府	○	○	○		○	○	○	○
大阪府	○	○	○		○	○		
兵庫県	○	○			○			
奈良県								
和歌山県	○	○						
鳥取県	○	○			○			○
島根県								
岡山県	○	○						
広島県	○							
山口県								
徳島県	○	○			○			○
香川県	○							
愛媛県								
高知県								
福岡県								
佐賀県								
長崎県	○							
熊本県	○				○			
大分県								
宮崎県	○							
鹿児島県	○				○			○
沖縄県								
提言水準	○	○	○		○	○	○	○

（出典：自然エネルギー財団「地域エネルギー政策に関する提言」）

家電の省エネラベルの掲出義務

家庭でのエネルギー消費で、もっとも多いのは照明・家電製品等による消費です。暖房消費の多い北海道でも暖房消費と同等のトップで、他の地域ではいずれも家電がもっとも大きいエネルギー消費源になっています。そのため、家庭の省エネを進める際は、家電が重要になります。

同じ種類の家電でも、購入時に高効率型を選択すれば、おのずと家庭の省エネが進みます。使用者の意識の高さに関係なく、省エネになるのです。それでは、どうすれば購入時に省エネ型の家電を選択してもらえるのでしょうか。

ここに、2種類の冷蔵庫があると仮定しましょう。デザインや性能は同等で、Aが6万円、Bが10万円です。値札だけを見るならば、安い冷蔵庫Aを購入するはずです。ところが、年間の電気料金[*12]が、Aは2万円、Bは1万円と示されていれば、高い冷蔵庫Bを選ぶ人も多いでしょう。4年を超えるとトータルコストがAとBで逆転するからです。冷蔵庫は、たいてい10年程度使うので、違いはさらに大きくなります。10年間のトータルコストは、Aが26万円、Bが20万円となります。

省エネ法では、エネルギー消費の大きい家電製品について、年間の目安電気料金を示した「省エネラベル」を、販売時に掲出することを求めています（図表3）。多くの人は、得したいと思うため、電気料金の安い省エネ家電の選択が進むというわけです。

省エネラベルの対象になっているのは、エネルギー消費が大きく、使用時間の長い6種の家電です。エアコン、液晶テレビ、電気冷蔵庫、電気冷凍庫、照明器具（家庭用蛍光灯）、電気便座です。

さて、値段が6万円で、年間電気代が不明の冷蔵庫Aと、値段が10万円で、年間電気代が1万円の冷蔵庫Bを比較すると、おそらくAを選ぶ人が多いでしょう（図表4）。Aの年間電気代が分からないと、トータルコストで比較できないためです。

実は、省エネ法の規定だと、こうしたことが起きうるのです。省エネラベルによる情報提供は、同法第86条に基づいています。ところが、必ず提供しなければならない「義務」ではなく、できる限り提供するという「努力義務」なのです。そのため、掲出の有無はチェックされません。実際、ある県の家電量販店では、高額の冷蔵庫だけラベルを掲出し、安価な冷蔵庫に掲出していませんでした。

そこで、一部の自治体では、条例で「省エネラベル」の掲出を義務づけています。11都道府県が条例で掲出義務を家電販売店に課しています。長野県でも義務を設けていて、地域振興局スタッフが定期的に販売店での表示状況をチェックしています。

ドイツを含むEUでは、同様のラベル義務を1992年のEU指令で導入しています。排出量取引と同様に、エネルギーシフトを支える制度になっています。ちなみに、日本の省エネラベルは、都環境局がEUの制度を参考にして導入し、それを後年、国が法律に位置づけて全国展開したものです。

図表３　販売時に家電に貼られる統一省エネルギーラベル
冷蔵庫などでは、省エネ性能が高いと製品価格が高くても長期使用することで、トータルの負担は軽くなります。

（出典：省エネ型製品情報アクセスセンターホームページ）

図表４　２種類の冷蔵庫
色・デザイン・大きさ・基本性能がほぼ同じ冷蔵庫で価格が異なる場合、年間電気代が掲出されるかされないかで選択が変わりえます。

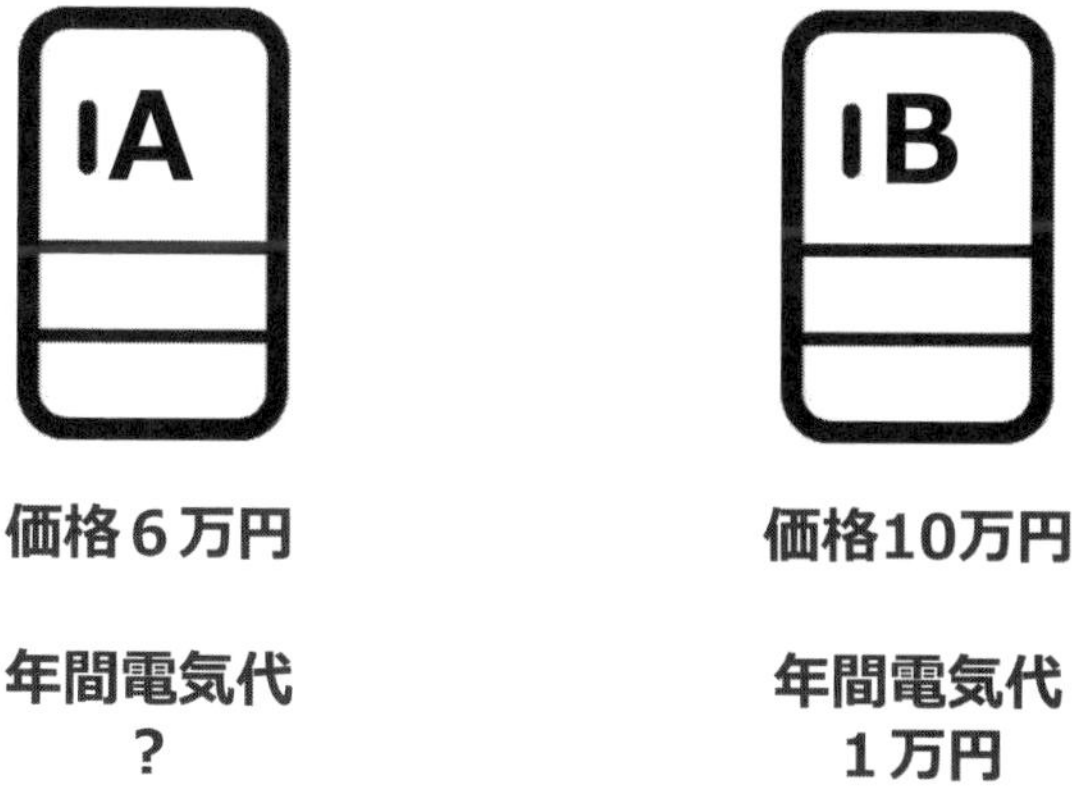

家庭の省エネサポート制度

全国の自治体で、省エネの呼びかけが行われています。小まめにスイッチを切りましょう、冷暖房のときはカーテンを閉めましょう、エアコンを掃除しましょう、冷蔵庫の中を整理しましょう、などなど。

環境省の調査によると、全国で6割強の人々がある程度の省エネ行動をとっています。18の省エネ行動の有無について調査したところ[*13]、80～100％の行動の世帯が24％、60～80％の行動の世帯が40％ありました。一方、「テレビの明るさを抑えている」や「冷蔵庫の温度設定」のように、簡単な取組みの実施率が高くないことから、情報を伝えることの難しさも窺えます。

さらなる情報の啓発となると、自治体の担当者としては悩まざるを得ません。既に、広報紙やホームページ、パンフレット、チラシなどで呼びかけをしています。横浜市のように、著名人の登場する動画を作成して、ホームページで公表している自治体もあります。自治会の会合でお願いをしたり、市民団体と連携して呼びかけたりしている自治体もあります。それでも、徹底できないため、手詰まりを感じていることでしょう。

ところで、まったく別の内容ですが似たような手詰まり感を抱えている人たちがいます。それは政治家です。支持を獲得するため、毎日のように駅前で演説し、チラシを配布し、会合であいさつをしています。それでも、なかなか支持が広がらないと焦燥感に駆られます。

そんなとき、党派に関係なく、政治家が支持獲得にもっとも有効と確信する手法が、戸別訪問です。政治家が一方的に話すのではなく、有権者と対話するのです。長々と話をする必要はありません。数分でもいいので、直接会って対話することで、演説やチラシの何倍も話が伝わり、支持を得られると、政治家は知っています。ただ、公職選挙法の規定によって、無差別に有権者を訪ね、投票を依頼することは禁止されています。

長野県では、省エネ行動の周知のため、この戸別訪問の手法を用いています。省エネアドバイザーが家庭を訪問し、簡単な省エネ手法を伝え、パンフレットを渡してくるのです。時間にすれば数分にすぎません。それでも、アドバイザーが直接、住民に手法を伝え、反応を見て説明を補足したり、疑問に答えたりするので、広報紙やチラシに比べて理解が進みます。

訪問するのは、環境に関心の高い世帯と限りません。訪問件数は、２０１３年度から２０１５年度の３年間で、延べ10万世帯を超えました。２０１５年度には、１年間だけで６万世帯を訪問しました。

この戸別訪問は「家庭の省エネサポート制度」（図表５）と呼ばれています。訪問するのは、都市ガスやプロパンガスなどのエネルギー事業者です。２０１７年10月現在で、県内43事業者が県と協力関係を結び、４６６人の社員が家庭の「省エネアドバイザー」として協力しています。社員が、点検やボンベ交換などで家庭を訪問した際、併せて省エネのアドバイスをするのです。

家庭を訪問し、省エネアドバイスをする取組みは、ドイツや都でも行われています。長野県は、都

図表５　東京都の先進事例に学んだ家庭の省エネサポート制度

（出典：自然エネルギー財団作成）

の「家庭の省エネアドバイザー制度」を参考に構築しました。ドイツの取組みは「地域省エネチェック」と呼ばれ、貧困対策を兼ねた取組みとして実施されています。失業者から雇用された省エネ相談員が、貧困世帯を訪問し、指導と省エネ器具取り付けをするのです。貧困世帯の光熱費を下げることにより、実質的な可処分所得を増やし、生活改善につなげることが狙いです。

エコポイントから省エネサポート制度への転換

長野県では「家庭の省エネサポート制度」を導入する前、「信州エコポイント制度」という取組みをしていました。２００９年度から２０１３年度までの５年間です。検討会による事業見直しを受けて、エコポイント制度を取りやめ、新制度に移行しました。

エコポイントは、環境に配慮した行動や製品の選択に対してポイントを付与し、付与された人はポイントを買い物の際に割引分として使えるようにする取組みです。省エネ活動に取り組む世帯と、省エネ設備機器を購入した世帯に対して、協賛店で割引等の特典を受けられるポイントを付与していました。県の予算を用いず、割引分の事業者による利益逸失と事業者からの拠出金を、ポイントの原資としていました。ＧＨＧ削減量を測ることもでき、5年間の合計でCO_2 8845tが削減できたと推計されています。

この「社会的に望ましい行動にポイントを付与する」という政策は、一見すると合理的なため、様々なかたちで繰り返し提案されます。エコポイントの他には、健康ポイントがしばしば提案されます。運動や減塩、禁煙など、健康に配慮した行動に対して、ポイントを付与し、そうした行動のインセンティブにしようとするものです。

ところが、制度の参加世帯を分析すると、大半でエコポイントがインセンティブになっていませんでした。約86%が「省エネ設備機器を購入したら、ポイントを付与された」世帯でした。これらの世帯は「エコポイントが付与されるから設備機器を購入した」のでなく、「購入したら結果的にエコポイントが付与された」のです。エコポイントがあってもなくても、省エネ設備機器を購入したわけです。

残りの世帯は、環境に配慮した行動・選択によってエコポイントの付与を受けるために、自主的に参加登録しました。約14%が「環境配慮の行動でポイント付与を受けるため」に登録した世帯です。自主参加の場合は毎年の登録が必要になり、同じ世帯が翌年に登録しても新規カウントされますので、自主参加の世帯は、実質的には毎年約370世帯と考えられます。

エコポイントの効果は、エコポイントが付与されるために「行動や選択が変化する」ことにあります。エコポイントの有無に関係なく、望ましい行動・選択をするのであれば、効果は認められません。するとエコポイントの効果が認められるのは、後者の自主参加の世帯となります。これらの世帯が県内約82万世帯に占める割合は、0・05％程度です。

さらに、登録やポイント交換の手間を考えると、後者の世帯は本当にエコポイントがインセンティブになったのかという疑問も生じます。エコポイントに限らず、行政の運営するポイント制度は、少額であっても現金と同様に通用するため、その付与手続は、どうしても煩雑なものとなりがちです。書類を記入し、根拠を示す必要資料を用意し、それを郵送で提出して、得られるポイントが数百円分というわけです。

つまり省エネ行動を徹底し、面倒な手間を乗り越えてエコポイントを得るのは、そもそも環境行動に熱心な世帯と考えられます。環境配慮をしていなかった世帯がエコポイントによって環境配慮をしたのではなく、エコポイントの有無に関係なく環境配慮をしていた世帯が、エコポイントを付与されていたと考えられるのです。それでは、エコポイントの効果を認めることができません。

結局、エコポイント効果の実態に気づいた担当者が、都の制度を参考に新たな制度を構築しました。エコポイントのために、担当者と係のスタッフたちは、忙しい毎日を送っていました。平日は事業者を回って拠出金を依頼し、土日は各地のイベントに出向いて登録者を募っていたのです。行政側の手間と利用世帯側の手間、双方を解消し、なおかつ効果のあるものとして構築されたのが、「家庭の省エネサポート制度」だったのです。

建物の省エネ化と再エネ導入——クルマの燃費は気になるのに建物の燃費は？

冷暖房エネルギーは、建物の性能と深く関係します。外気温と湿度は、年間を通じてだけでなく、一日の間でも様々に変動します。そのため、建物の室内を一定の気温・湿度で維持しようとすれば、空調設備を動かし、建物内を冷暖房することになります。空調設備の負荷は、室外と室内の間の温度の伝導性と、空気の入れ替えに伴う熱の移動性に左右されます。室外と室内を隔てる壁が、熱を伝えにくければ、室内の温度は外気温に影響されにくいため、空調設備の負荷は小さくなります。空気の入れ替え時に、熱の移動を小さくすれば、負荷は小さくなります。逆に、どこかに抜け穴があれば、そこを熱と湿気が出入りし、負荷が大きくなります。

つまり、断熱性・気密性（以下、断熱性等）の高い建物が、室内環境の維持に伴うエネルギー効率で優れているのです。断熱性等の高い建物とは、全体をくまなく断熱性の高い物質（断熱材）で厚く包んでいる建物です。魔法ビンをイメージすると分かりやすいでしょう。ただ、建物は人が出入りし、中で過ごすものですので、どうしても出入口や窓、換気口が必要になります。それらを通じて、熱や湿気の出入りも避けられません。

高い断熱性等と人の使いやすさを両立するには、断熱材で厚く覆うことに加え、窓・扉の断熱化と換気での熱交換が必要になります。窓は、ガラス部分と枠のサッシ部分から構成されています。ガラスを複数枚重ね、サッシを熱伝導性の低い素材にすれば、窓の断熱性は高まります。換気は、空気を熱交換した上で入れ替えれば、新鮮な空気を取り込みつつ、熱の移動を阻むことができます。換気システムに熱交換機を組み込めば、換気しても外気温の影響をほとんど受けません。

外気温だけでなく、日射によっても室温は影響を受けます。屋根は日射を受け続けるため、天井との間を断熱するとともに、屋根を支える柱が日射の熱を室内に伝えることを防がなければなりません。日射は窓を通じて室内に入り込み、反射した場所で熱を発生します。ですので、夏は建物の外側で日射を防ぎ、冬は建物の内側に日射を取り込めば、空調設備の負荷を抑えられます。

夏の日射を防ぎ、冬の日射を取り込むには、季節ごとの太陽角度の違いを活かします。適切な大きさのひさしや可変するブラインドを窓の外側に付ければ、日射をコントロールできます。工夫すれば、日射コントロールをしながら、自然の明かりを建物内に取り込むことも可能です。そうすれば、照明エネルギーも抑えられます。なお、窓の室内側に設置したブラインドやカーテンは、ある程度は日射を防ぎますが、反射による熱の発生は避けられませんので、外側で防ぐほど室温上昇を防げません。

日本の建物は、これまで断熱性等を重視してきませんでした。住宅以外の大規模な新築（延床面積2000㎡以上）で、一定の断熱が初めて義務化されたのは2017年4月からです。その他の建物は、依然として断熱の義務がありません。国土交通省の推計*14によると、約5000万戸ある住宅ストックのうち、1999年の省エネ基準に相当する断熱が施されているのは5％しかなく、4割の住宅は旧基準すら満たしていません。

窓の断熱性能についても、ドイツの窓に比べて、日本の窓は極めて低い状態です。ドイツは、窓の断熱性能について最低基準を設けています。[*15] 日本は最低基準がなく、一般的な1枚ガラスのアルミサッシの場合、ドイツの最低基準と比べ、5分の1の性能です。

一部屋暖房運動からもう一歩先へ

日本の建物の断熱性が低い背景には、それを許容する根強い考え方があります。暑さ寒さを精神や衣服で乗り越える「我慢の省エネ」や、居室だけをコントロールする「採暖」です。

けれども、外気温の影響を受けやすい建物には、健康リスクがあります。住宅でない建物については、「建築物における衛生的環境の確保に関する法律」に基づく建築物環境衛生管理基準よって、室温を17度から28度以内にすることを定めています。ただ、住宅については、法令による規定はありません。

近年、室温と健康の関係が明らかになりつつあります。国土交通省の調査[*16]によると、冬の「起床時室温が低いほど、血圧が高くなる傾向」と「高齢者ほど、室温と血圧との関連が強い」ことが認められています。

こうした認識は、日本以外の先進諸国では一般的になっています。例えば、イギリスでは、副首相府の作成した賃貸住宅の大家向けガイドライン[*17]で、貸し出す部屋の室温が低いものとならないよう、次のように注意を促しています。

寒さは18度に下がるまで知覚されませんが、健康的な室温は21度です。室温が19度に下がると、健康リスクが少し生じます。室温が16度に下がると、呼吸器や循環器のリスクが高まり、深刻な健康リスクが生じます。室温が10度以下に下がると、低体温症のリスクが高まり、特に高齢者で顕著になります。

かつての長野県も同様の認識に立って「一部屋暖房運動」を推進しました。県内各地の冬の室温を調査するとともに、家全体は難しいにしても、せめて多くの時間を過ごす居間だけでも18度以上に保とうという、県民運動でした。１９７０年代にこの運動が展開された結果、冬に10度以下の室温で生活する世帯は、69・９％から48・３％に減少し、死亡原因1位であった脳血管疾患は、死亡率の減少に伴い、１９８４年には死亡原因２位に下がりました。

それでも、依然として室温の変化に伴う病気は、長野県にとって大きな課題です。県の三大疾病死亡数について、５年間の1日当たりの死亡者数を月別に見ると、悪性新生物（がん）は季節変動が見られないのに対し、心疾患と脳血管疾患は、冬に増加しています（図表６）。

三大疾病のうちの心疾患と脳血管疾患は、いずれも血管の拡張・収縮がうまくいかないことで起き、しばしば急激な温度変化が引き金になります。例えば、20度の居間にいた人が0度の脱衣所で服を脱ぎ、40度の風呂に入れば、急激な温度変化の影響を短時間で受けます。居室だけを暖める「採暖」であれば、冬の脱衣所が0度であっても不思議ではありません。血液の流れが滞り、入浴中に気を失え

図表６　長野県の三大疾病死亡数／日平均（2006-2010年）
循環器系疾患を死因とする死亡者数は、冬に増加しています。

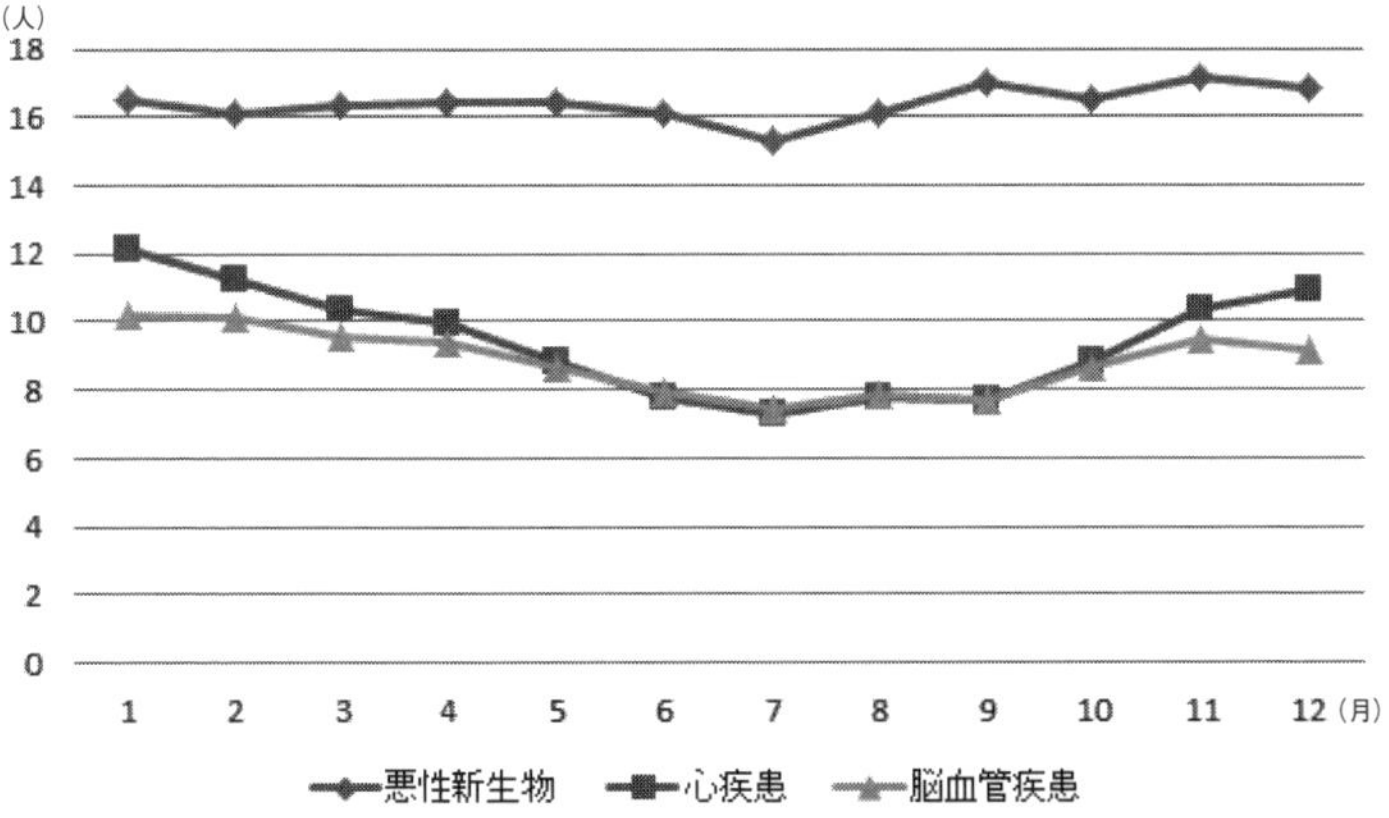

（出典：長野県環境エネルギー課作成資料）

ば、溺死が直接の死因になることもあります。実際、長野県では冬の溺死者が多く、２０１３年の溺死者１８７人は、同年の交通事故死１１２人の約１・７倍でした。

一部屋暖房運動にもかかわらず、現在でも長野県の冬の室温が低いとの調査があります。ウェザーニューズ社の調査[*18]によると、冬の朝の寝室温度がもっとも低かったのは長野県で、８・８度でした。長野県以外の地域も、安堵できません。続いて低かったのは、大分県９・０度、宮崎県９・４度、佐賀県９・７度と、気候の温暖な九州地方でした。全国平均は12・４度で、イギリスのガイドラインによれば「深刻な健康リスク」が生じるレベルです。

建築物の環境エネルギー性能を建築前に検討する制度とは

長野県では、断熱性能の高い建物を普及する

図表７　建物エネ性能検討制度・建物再エネ検討制度
環境エネルギー性能の評価と再エネ導入の検討を建築前に施主に義務づけ。

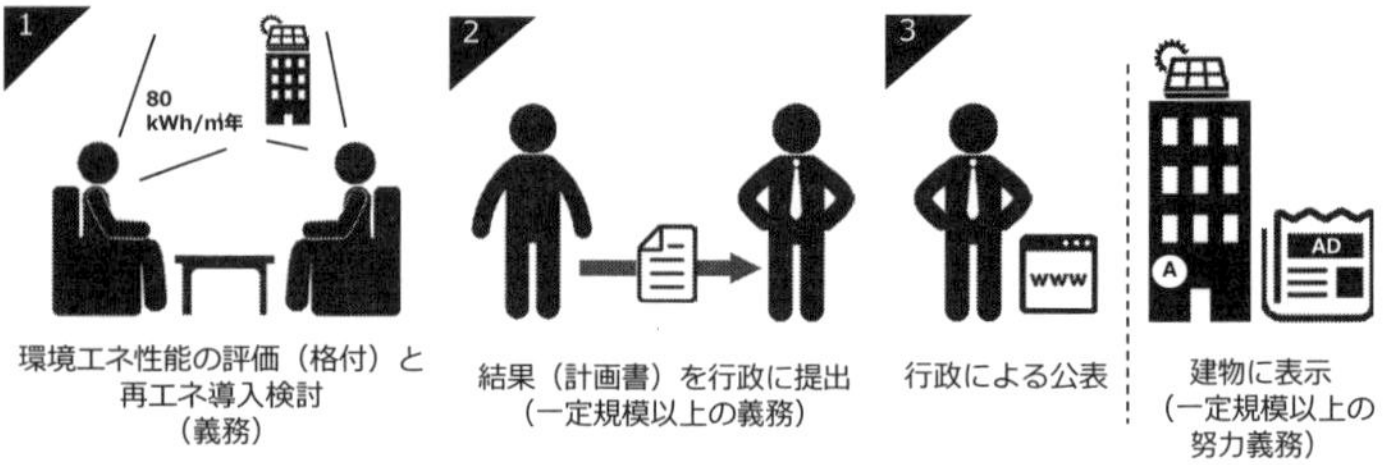

（出典：自然エネルギー財団「地域エネルギー政策に関する提言」を一部改変）

ため、地球温暖化対策条例を改正して建物エネ性能検討制度を導入しました（図表７）。３００㎡以上の建物は２０１４年度から、それ以下の建物は２０１５年度から実施しています。対象は新築の建物です。類似の制度は他の自治体にもありますが、戸建住宅を検討義務の対象にしたのは、長野県が初めてです。

この制度は、建物のエネルギー性能について建築前に検討することを、施主に義務づけています。一定の基準達成を求めてはいません。検討するのは、エネルギー消費量や光熱費、断熱性、ＧＨＧ排出量などの「環境エネルギー性能」です。あらかじめ光熱費が分かれば、施主は建築費と合わせたトータルコストを抑制しようとするので、自ずと省エネ型の建物を選択します。家電の省エネラベルと同じ考え方です。

住宅の場合、施主の多くが素人ですので、建築事業者に対して情報提供の努力義務を設けています。事業者とすれば、性能の高い住宅の方が価格も高くできるため、説明のインセンティブが働きます。施主としても、光熱費を削減する分で、価格上昇分を補うと考えれば、悪い買い物になりません。

県は事業者に対し、県指定の評価ツールに基づいて算出した客観的なデータで、施主に説明することを求めています。データがないと、建築費と光熱費の具体的なトータルコストが分からないためです。国や民間で作成した複数の評価ツールを指定し、いずれかを用いて説明することとしています。評価ツールは、県の予算で建築事業者向けの講習会を繰り返し開催し、実質的に無償で提供しました。その一つがエネルギーパス日本版です（図表8）。

この結果、8割を超える新築戸建住宅が省エネ基準を上回りました（2016年調査）[*19]。全国的には、省エネ基準の達成率は約3割（2014年度の300〜2000㎡の住宅）ですから、長野県での省エネ基準の上回り方はとても大きく、制度による成果と考えられます。

この制度と一体的に、建物再エネ検討制度も運用しています。対象は建物エネ性能検討制度と同じです。

この制度は、建物への再エネ導入について建築前に検討することを、施主に義務づけています。再エネ導入を義務化してはいません。県の示す検討マニュアルに基づき、メリットとデメリットを勘案して、導入を検討してもらいます。

この検討も、素人の施主にとっては難しいため、建築事業者に対して情報提供の努力義務を規定しています。県の検討マニュアルについて、事業者向けに説明会を行い、これに沿って情報提供することを求めています[*20]。

情報提供の基本となる検討マニュアルは、建物の断熱性等を確保した上で、熱利用から検討するこ

図表８　エネルギーパス日本版
建築業者が施主に、建築費と建築後の光熱費のトータルコストを分かりやすく説明するためのツールを県が提供しました。省エネ建築は、建築費は高くてもトータルではお得な買い物になります。

エネルギーパス　有効期限: 2016 年 12 月 15 日より10年間　自己評価

3　全館冷暖房　経済性能

1m2あたりの消費エネルギーの比較(売電含まず)

▼グラフ8

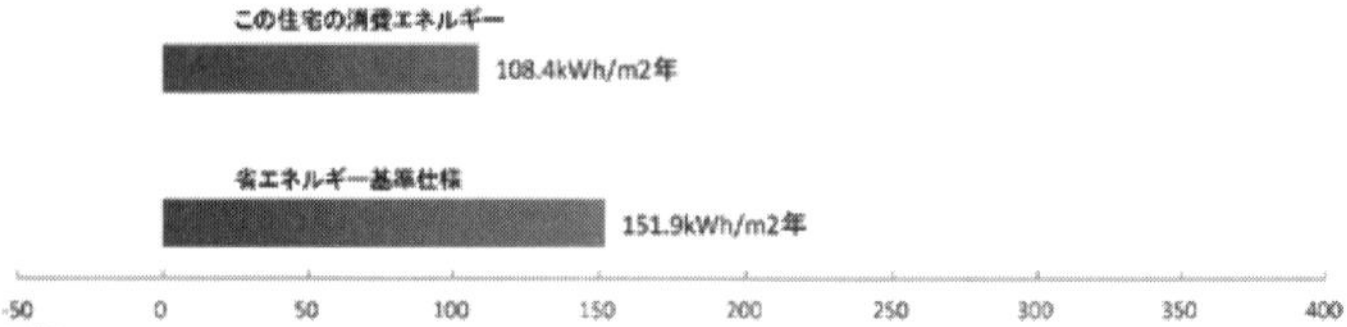

▼表6

	冷房	暖房	換気	給湯	照明	調理家電	自家消費	合計
消費量(kWh)	1,832	4,659	294	5,841	686	2,852	-3,146	13,018
1m2あたり	15.3	38.8	2.4	48.6	5.7	23.7	-26.2	108.4
kWh単価	25.7円	24.9円	25.6円	10.2円	25.6円	20.2円	25.5円	17.3円
予想燃費(円)	47,029円	116,077円	7,519円	59,449円	17,577円	57,664円	-80,088円	225,226円

※この計算結果は、標準モデル生活を行った場合の計算結果であり、実際の燃費を保証するものではありません。

太陽光発電などの売電を含んだ光熱費予測

▼グラフ9

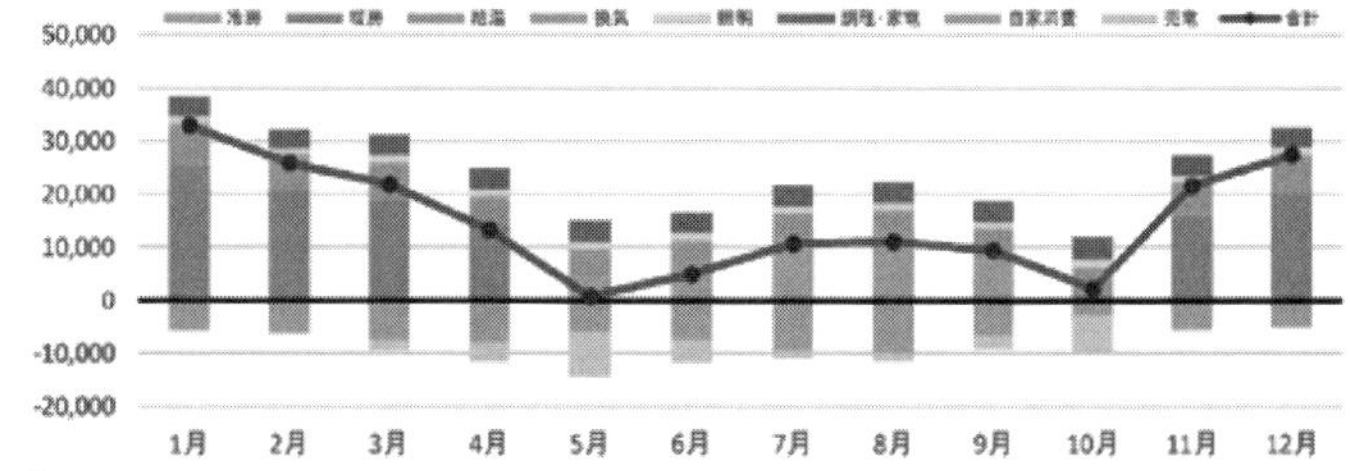

▼表7

	電気	ガス	灯油	木材	自家消費	売電	合計
消費エネルギー	9,347 kWh	86 m3	559 L	0 kg	-3,146 kWh	-861 kWh	売電含む
燃料単価	25.3円	140.0円	102.0円	50.0円	25.5円	36.0円	194,232円
予想年間光熱費	236,243円	12,038円	57,033円	0円	-80,088円	-30,994円	
次世代省エネルギー基準仕様の場合の参考光熱費	11,075	634	0				365,856円
	277,067円	88,789円	0円				

※この計算結果は、標準モデル生活を行った場合の計算結果であり、実際の燃費を保証するものではありません。

Japan Energy Pass Association

社名：一般社団法人　日本エネルギーパス協会
住所：東京都港区新橋2丁目5-6-8F
電話：03-6205-4492

発 行 者：　加藤　肖太郎
認定番号：　サンプル出力
日　　付：　2016年12月15日

（提供：日本エネルギーパス協会）

とを求めています。断熱性等を高めれば、必要とされる再エネ設備は最小限で済み、その分だけ導入コストが下がるためです。さらに、暖房・給湯の熱需要から優先して検討することで、熱利用が促進されると期待しています。発電は最後に検討します。

この結果、4割近くの新築戸建住宅が再エネを導入しています。内訳は、太陽光発電30%、木質バイオマス熱7・5%、太陽熱1%でした。今後の課題は、太陽熱の有効性について、理解を広げていくことです。

この制度では、1万㎡以上の大規模な新築に対し、未利用エネルギーの導入検討も義務づけています。大規模な開発事業においては、排熱や下水熱などの未利用エネルギーの活用余地が生じると考え、こうした規定が設けられています。

ちなみに、ドイツを含むEU諸国では、新築や改修、売買、賃貸時にエネルギー性能を示すことが義務づけられています。2019年からは新築する公共施設について、2021年からは新築するビルなどについて、極めて厳しいエネルギー基準（ニアリーゼロ基準）を達成することも、EU指令[*21]で求められています。

信州省エネ大作戦（節電キャンペーン）

福島原発事故に伴う電力危機を受けて、全国の自治体は数値目標付の節電目標を立てて、地域全体の節電に取り組みました。これは、国からの要請を受けてでした。そのため、電力危機が去り、政府が節電要請を取りやめると、自治体も地域全体の節電の取組みを止めてしまいました。

しかし、長野県は2011年夏以降、継続して数値目標付の節電キャンペーン「信州省エネ大作戦」に地域全体で取り組んでいます。2016年からは、県内の主要な経済団体や労働団体、消費者団体、報道機関などと実行委員会を組織し、体制を強化しました。

キャンペーンは、電力需要の高くなる夏と冬に行います。需要の高くなる時間帯を周知し、カット（節電）・シフト（時間をずらす）・チェンジ（電気以外のエネルギー源に変える）を呼びかけています。広報やポスター、イベントなどによる啓発以外にも、毎日の電力需要データを電力会社に提供してもらい、それをホームページで公表したり、天気予報に基づいてピークへの警戒メールを関係機関や事業者に送ったりもしています。電力需要の結果については、実行委員会で共有し、課題を検討しています。

目標は、2010年の電力需要のピークを基準とし、達成するごとに毎年1％ずつ厳しくしています。夏については、2016年度まで目標を毎年達成し、2017年度の目標はマイナス11％に設定しています。冬については、目標を達成できていないため、マイナス5％の目標を毎年、据え置いています。寒冷地の長野県は、冬に電力需要のピークがきて、それも豪雪などの天候に左右されやすいという状況があります。

数値目標付の節電キャンペーンを続けるのは、節電構造の定着により、経費の削減、地域経済の活性化、生活の質の向上を目指すためです。国や電力会社に協力するためでなく、自らの地域のために行っているので、国の要請に関係なく続けています。例えば、中小企業が多く契約している50～500kW未満の高圧電力の場合、過去1年間の電力需要のピークによって基本料金が決まります。すると、総電力量が同じでも、設備の同時使用を避けるなどしてピークを下げれば、基本料金を下げることができるのです。浮いた資金は純益になりますので、企業の利益が増えることになります。

継続して節電に取り組むことにより、冬の節電における課題も2つ明らかになりました。一つは、電気ストーブやハロゲンヒーターなどの電気暖房器具の問題です。これらはエアコンと異なり、電気をそのまま熱源として局所を暖める器具で、即暖性に優れる一方、部屋全体を暖めるには効率の悪い器具です。もう一つは、電力需要の計測の正確性です。電力会社は、変電所で計測した電力需要に、管内の太陽光発電の発電量を推測して足し合わせ、電力需要として公表しています。そのため、積雪のあった翌日には、変電所で計測した電力需要に、実際には発電していないはずの太陽光発電の量を足し合わせてしまうため、過大になっているとの疑問が生じています。

地域主導型再エネ事業の促進――地域経済にプラスになる事業とは

長野県では、地域経済にプラスとなる再エネ事業を推進しています。どんな再エネ事業も無条件に推進しているわけではありません。

図表９　地域主導型再生可能エネルギー事業の説明図
県の経済成長、雇用創出には、右上の事業タイプが最適です。

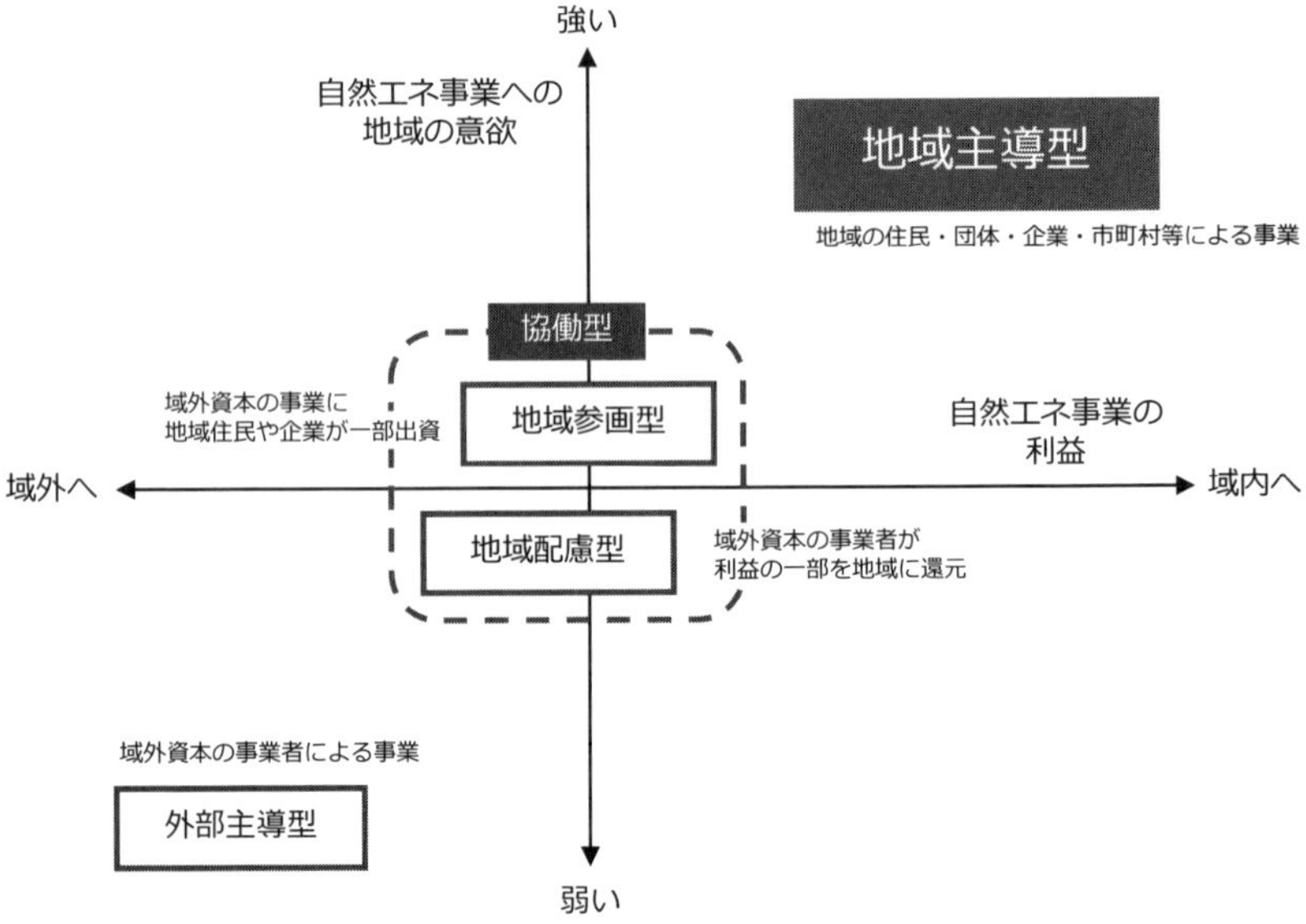

（出典：自然エネルギー財団「地域エネルギー政策に関する提言」を一部改変）

地域経済効果のもっとも高い再エネ事業は、地域主導型です（図表9）。地域の住民や団体、中小企業が担い手になり、事業資金を住民の拠出や地域金融機関からの融資で調達する手法です。再エネ事業は、地域の再生可能な資源をエネルギーに転換し、誰かに使ってもらい、対価を得るビジネス行為で、利益を生むことが前提となります。地域住民が経営と資金を担えば、地域に収益の大半が回ってきますし、域外の人々が経営と資金を担えば、収益の大半が域外に流出してしまいます。

地域主導型に次いで地域へのメリットが大きいのは、協働型です。協働型には2種類あります。事業の一部に地域住民が資本参加し、意思決定に加わる地域参画型と、事業への参画がなく、事業収益の一部を地域に寄付などで還元する地域配慮型です。前者の方が地域へのメリットが大きい一方、リスクも伴って大きくなります。

ドイツでは、地域主導型や地域参画型の事業が再エネの約半分を占めています。「はじめに」で述べたように、地域主導型に相当する個人所有（25・0％）と協同組合の所有（9・2％）、これに地域参画型に相当する市民出資のある設備（11・6％）を加えれば、全設備の約半数が地域にメリットのある事業となります。

これに対し、日本では、地域主導型に相当する事業は2割程度と考えられます。「気候ネットワーク」の調査[*22]によると、ドイツの協同組合に相当する市民発電所の設備合計は9万kWでした。FITで売電しているすべての再エネ発電設備4249万kW（2016年12月末）のうち、個人所有の家庭用太陽光発電（925万kW）と市民発電所の設備（9万kW）を足した割合は、FITで売電している設備の22％を占めることになります。なお、地域参画型については、所有形態のデータがないので不明です。

これは、地域主導型や地域参画型の事業が、ドイツ並みに拡大すれば、日本全体の再エネが大きく増加することを意味しています。推進する形態の選別は、再エネ普及に消極的に見えるかもしれません。しかし、自治体の限られた資源を地域主導型や地域参画型の推進に集中するので、地域のメリットを拡大するだけでなく、再エネを飛躍的に普及するためにも有効となります。

自然エネルギー信州ネットの発足

地域主導型を促進するためには、事業の担い手となる住民や企業が不可欠です。自ら事業のリスクを引き受け、資金を出す人々がいなければ、地域主導型は実現できません。住民の主体性が問われることは、地域主導型の推進においてもっとも難しい点です。

長野県では、担い手の創出や意見交換を促進するため、信州ネットが2011年7月に発足しました。再エネに関心を持つ個人や専門家、団体、企業、行政などが集まったプラットフォームです。初代会長は茅野實《ちのみのる》さん（元八十二銀行頭取）、2017年現在の会長は高木直樹さん（信州大学工学部教授）です。会員から選出された理事によって運営され、長野県は顧問として参加しています。これに呼応して県内各地で連携する18の協議会もあります。

信州ネットの果たしている第一の役割は、再エネの情報を広く共有する場になっていることです。特に、事業者が秘密としがちな、事業のノウハウや実績、課題について共有する場となっているため、地域主導型事業に取り組もうとする住民や中小企業にとって、貴重な情報を得られる機会になっています。

第二の役割は、県内の多様な関係者の間で、顔の見えるネットワークを形成していることです。自治体の担当者、地域主導型の発電事業者、販売事業者、大学の研究者、環境団体のメンバー、事業に関心のある個人が、信州ネットを通じて広く顔見知りとなり、情報交換や相談のしやすい関係を構築しています。

第三の役割は、地域主導型事業を生み出す機運を醸成していることです。信州ネット会員は、再エネに関する勉強会や会議、イベントを開催したり、メディアなどを通じて情報を発信したりしています。そのことが、再エネへの関心を高め、事業に取り組もうとする人々を増やす土壌になっています。信州ネットの活動を通じて具現化した地域主導型事業も、各地にあります。

こうしたことから、長野県には、数多くの市民発電所があります。前述の「気候ネットワーク」の調査によると、全国で確認できた市民発電所1028か所のうち、約3分の1の353か所が長野県に所在していました。長野県は全国1位で、2位の福島県92か所に大きく差をつけています。これには、地域主導型事業のパイオニアである「おひさま進歩エネルギー株式会社」の実績が大きいといえます。同社も信州ネットの会員で、自ら活発に事業を行う一方、信州ネットで積極的に知見を提供し、相談に乗ってきました。現在は同社以外によっても、県内各地で市民発電所が企画・運営されています。

再エネの担い手を創出する政策

長野県としては、再エネ事業の担い手を増やすことについて、信州ネットとの連携の他、5つの政策を展開しています。信州ネットを入口に、県民や事業者が再エネ事業を始めようとするとき、検討の段階や再エネの種別、事業の機会、取組みの主体の別によって、必要とする知見が異なってきます。

第一の政策は、再エネ事業に取り組む人材の育成です。おひさま進歩エネルギー株式会社に委託し、「飯田自然エネルギー大学」（図表10）を開校しています。年10回、1泊2日のプログラム（座学と実

図表 10　飯田自然エネルギー大学の受講生募集チラシ
再エネ事業に地域に根差して取り組む人材を育成します。

（提供：おひさま進歩エネルギー）

地研修）を行っています。技術、経営、法令、資金調達、事業計画づくり、国内外の動向など、再エネ事業に必要な知見を総合的に学べます。受講は無料です（交通・宿泊費は個人負担）。また、信州ネットがこの事業の一環として、広く県民向けに、入門編に当たる講座を年に数回、開催しています。

第二の政策は、人材や事例に関する情報収集とデータベース化です。事業に関する情報について「自然エネルギー人材バンク&情報データベース」として運用しています。ここを見ると、県内で活動している専門家や実務家、事業に関係する法令の動向、国や県などの支援を知ることができます。事業の事例については、「1村1自然エネルギープロジェクト」として定期的に情報収集し、県のホームページで公表しています。２０１７年3月現在、２０３件が登録されています。

第三の政策は、小水力発電に関する相談対応です。小水力は、他の再エネ事業に比べ、規制や手続が複雑で、事業のノウハウも普及していないという課題があります。そこで、県庁の関係課（環境エネルギー課、農地整備課、河川課、砂防課、電気事業課）と長野県土地改良事業団体連合会で「小水力発電キャラバン隊」を組織し、定期的に相談会を開催しています。相談会では、事業構想を持つ人たちからの相談に、県として一括で応じています。各課の職員が講師となる講習会も開催し、簡易な測量や水位計測、資金計画の方法について、実地で講義しています（図表11）。事業化のマニュアルや資金計画作成ツールも、県のホームページで公表しています。

第四の政策は、公共施設の屋根貸しによる太陽光発電の事業機会の提供です。「おひさまＢＵＮ・ＳＵＮメガソーラープロジェクト」と銘打ち、県有施設の屋根を太陽光発電の事業場所として募集し

図表 11　小水力発電キャラバン隊講習会
事業構想を持つ人たちへのキメ細かな講義、ノウハウの伝授を実地で行っています。

（提供：長野県）

ています。また、市町村による公共施設の屋根貸し事業を促すため、屋根貸し方法や手続について「県有施設における太陽光発電設備導入検討の手引」を作成し、県のホームページで公表しています。これには、施設の選び方から事業者の公募方法まで、屋根貸しに必要なすべての手続と書類が細かに記載されていて、担当者に専門的な知見がなくても、公共施設の屋根貸しができるようになっています。

長野県の屋根貸しの第1弾は、諏訪湖に隣接する豊田終末処理場の屋根で、1MWの岡谷酸素太陽光発電所「SUWACO Labo」として運営されています。この事業の特徴は、大きく3つあります。一つ目は、初期費用と運営費用の両面で、地域からの調達にこだわったことです。

太陽光発電パネルは、実験を兼ねて3社からの調達としたため、半数が県外産となりましたが、他のモジュールや工事、保守、資金を県内で調達したため、全費用約6億円のうち、87%が県内調達になりました。二つ目は、情報やデータの公開です。事業に関する情報や日々の発電状況など、様々なデータを公開し、次に続く事業者へ役立てようとしています。発電所の様子は、リアルタイムでホームページから見ることもできます。三つ目は、地域貢献です。発電収益の一部を信州ネットに寄付し、信州ネットの活動や公開したデータの整理に用いています。また、学校の環境教育の場として発電所を活用してもらい、岡谷酸素の社員が現場で説明をしています。

第五の政策は、市町村の担当者とのコミュニケーションです。長野県内には、77の市町村があり、うち58自治体が町村です。19ある市も、人口数万人の小規模な市が大半です。そのため、小規模な自治体では、行政自らが再エネ事業の担い手となったり、強い影響力を持ったりすることは珍しくありません。しかし、市町村職員の大半は再エネに関する知見に乏しく、専門家とのネットワークもほとんど有していません。そのため、定期的に市町村担当者を対象とした研究会や相談会を開催しています。

特に、市町村の担当者を対象とする相談会は極めて有効な手法です。毎年4か所で出張開催しています。応じるのは、環境エネルギー課、地域振興局環境課、専門家です。1市町村につき、1時間程度で行います。専門家は、地域活性化に詳しい岡田久典さん（早稲田大学環境総合研究センター上級研究員）、行政での実務経験の豊富な谷口信雄さん（東京大学先端科学技術研究センター特任研究員）、まちづくりと合意形成に詳しい黒崎晋司さん（地域計画建築研究所主席研究員）、再エネ事業に通じた吉岡剛さん（環境エネルギー政策研究所事業マネージャー）の4人に委嘱しています。

相談会では、事業の技術的評価や法的な課題、改善方法など、担当者のリアルな悩みに基づく、突っ込んだやり取りが行われます。それだけに、担当者の悩みを解決したり、根本的な事業の見直しにつながったりと、有益な成果が得られています。

補助金は事業で稼いで返してもらう——事業の資金調達を支援する政策

地域主導型事業で、良い立地を確保し、良い事業計画ができた後は、資金調達が大きな課題になります。再エネ事業は、初期費用に多額の資金を必要とし、長期の売電収益で返済し、利益を上げていく事業です。ＦＩＴによって一定の収益が見込めるので、良い事業計画の下で動き出してしまえば、資金の問題はほとんど生じません。問題は、初期に必要となる多額の資金の調達です。

なぜならば、地域主導型の事業主体は、多くの場合、信用力の弱さを抱えているからです。ここでいう信用力とは、資金を融資する金融機関から見た信用力です。担保となる資金が少なかったり、設立されたばかりだったりすれば、信用力は弱くなります。すると、住民が資金を出し合って設立した発電会社は、金融機関からの融資を得にくいことになります。それでは、良い事業計画を立てたとしても、事業を実施できません。

一定の信用力を持つ中小企業であっても、金融機関から見て前例の乏しい事業を行うならば、資金調達が困難です。太陽光ならば喜んで融資してもらえたのに、小水力だと融資を受けられないという話を聞きます。これは、金融機関が小水力への融資実績を持っていないためです。すると、事業計画ではなく担保で審査することになり、中小企業でも資金調達が困難になるわけです。

一方、資金力があれば、融資を得られる可能性は高くなります。200kW規模の小水力であれば、約3億円の事業費を必要とします。事業者が1000万円の自己資金で、残りの2億9000万円を借りようとすれば、金融機関から門前払いされるでしょう。しかし、1億円の自己資金があれば、話は違います。少なくとも、金融機関は真剣に融資を検討するでしょう。

そこで、長野県では地域主導型事業において、事業者が自己資金に充当するための補助金を交付する仕組みを構築しました。「自然エネルギー地域発電推進事業」を募集して補助するというものです。太陽光は、最大で事業費の4分の1（1500万円）、太陽光以外は、最大で事業費の10分の3（9000万円）までを補助します。条件は、県内の事業者であることと、県内に本店を置く地域金融機関から融資を得ることです。補助の内示を得て、金融機関と融資交渉に臨んでもらい、融資の決定を得た上で、補助金を交付します。

この補助金の最大の特徴は、交付後に発電事業の収益から返還してもらうことです。こうした返してもらう補助金のことを「収益納付型補助金」（図表12）と呼びます。再エネ発電は、FITによって一定の売電価格を保証されています。実際の電気代との価格差は、広く消費者が負担していて、成

図表 12　資金調達を支援する収益納付型補助金

補助金公付後に売電収益から返還してもらうことで、行政の補助は「信用力の付与」ということになります。

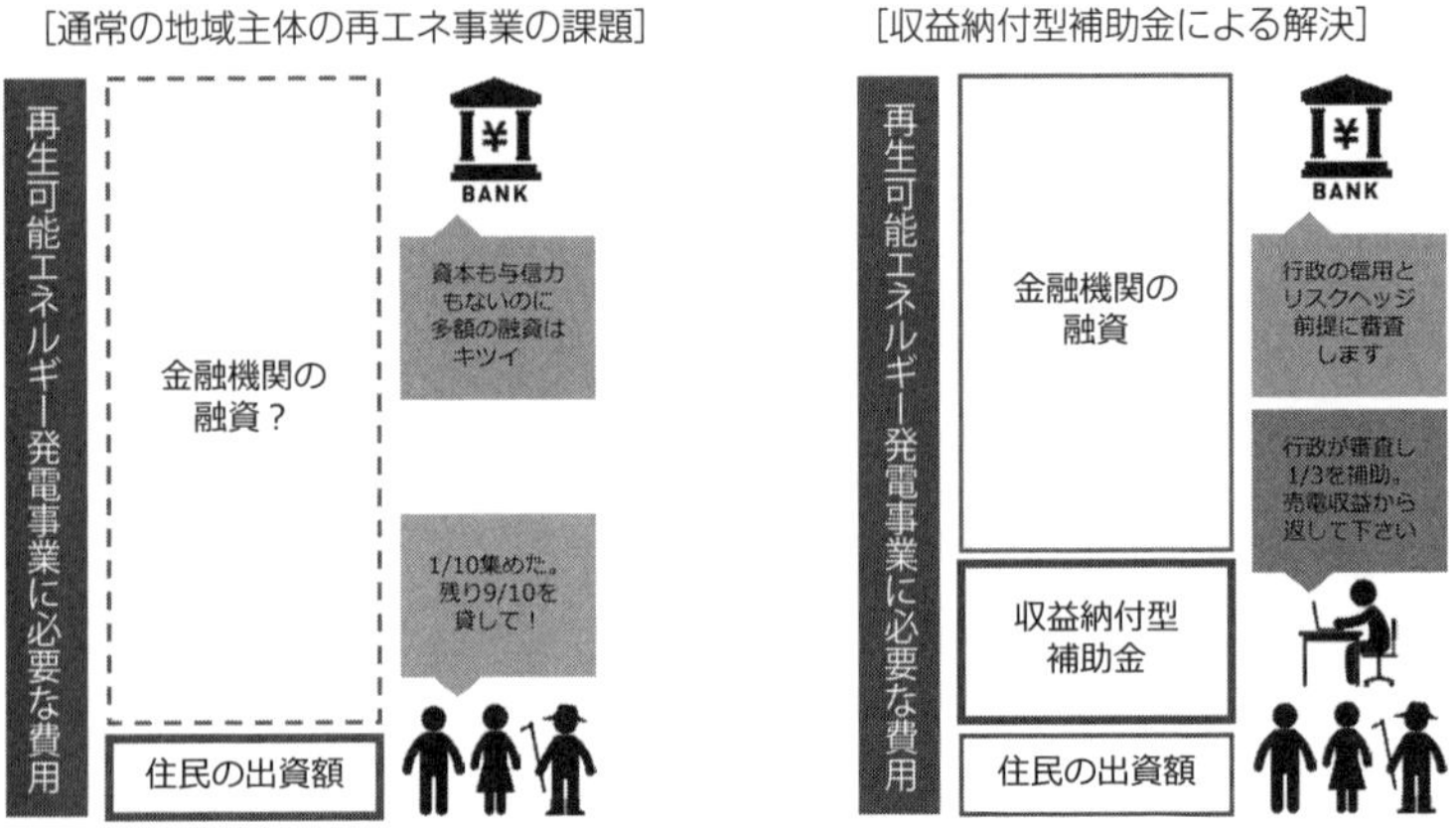

（出典：自然エネルギー財団「地域エネルギー政策に関する提言」）

果に対する補助金としての性格を持っています。そのため、県が通常の補助金のように資金提供してしまえば、補助金の二重払いになってしまいます。そこで、金融機関に対する「信用力の付与」という目的を達成した後は、収益から返してもらうことにしました。

補助金の返還は、売電開始から2年間の猶予後、13年間としています。これは、一括返還させてしまうと、事業運営に支障を及ぼすためです。キャッシュフローのシミュレーションにより、金融機関の融資判断で決定的に重要な「DSCR」（債務返済能力を示す指標の一つで、返済前キャッシュフローを返済額で割ったもの）という指標が、分割返還だと大幅に改善すると分かっています。

出資や融資ではなく、補助金とすることで、災害に対する保険機能も持たせています。自然災害で事業の継続が不可能になった場合は、それ以後の納付を免除することにしています。発電量が下がった場合や収益のなかった期間は、納付額を下げて、納付期間を伸ばします。このように、金融機関の融資よりも実質的に劣後（返済優先順位が低いこと）させ、金融機関の融資を円滑にしています。

この補助金の仕組みは、金融機関と専門家の助けを得て構築しました。県内金融機関が参加する研究会で、徹底的に細部に至るまで問題点を洗い出し、その解決策を専門家とともに検討しました。専門家は、前述の吉岡さんと、税理士で金融の専門家である伊藤宏一さん（千葉商科大学教授）、弁護士で金融系コンサルタント会社出身の水上貴央さん（再エネ事業を支援する法律実務の会代表）、再エネ政策の専門家で証券会社出身の北風亮さん（自然エネルギー財団上級研究員）の4人です。また、収益納付型補助金のアイデアは、農林水産省再生可能エネルギーグループ（当時）からいただきました。

補助金がなくても、金融機関の融資判断のみで、円滑な資金調達が行われる環境にしていくことが、県の最終的な狙いです。ドイツでは、住民の協同組合による、1基数億円の風力発電への融資が、多数行われています。金融機関が資金面でエネルギーシフトを支えているわけです。

忘れてはならない熱利用

再エネには、電気だけでなく、熱と燃料があります。それらのうち、燃料は、内燃機関（エンジン）を廃止し、電気自動車（モーター）に向かう流れになりつつあります。そのため、電気と同じくらい優先性が高い再エネは、熱利用になります。

熱利用は、比較的安価で効率的なため、自治体で取り組みやすい再エネです。それでありながら、発電に比べて知られていないため、取組事例や動きは少ないのが実情です。自治体が後押しすることで、普及していく可能性があります。

もっとも費用対効果が高く、容易に取り組めるのは、太陽熱利用システムです。パネルに不凍液を循環させ、その熱を交換して温水をつくります。冷暖房と給湯の熱源として使うことができます。費用は、太陽光発電の数分の1で設置できます。年間を通じて一定量の温水を利用する施設（病院や温浴施設、高齢者施設、集合住宅など）であれば、極めて高い費用対効果になります。温水をつくりすぎてしまっても、断熱したタンクに貯めておけます。

太陽熱の課題は、有効性が知られていないことと、定期的にメンテナンスが必要なことです。1980年代、水をパネルで温めて使用する簡易な太陽熱温水器が普及したとき、多くの事業者がメンテナンスを怠ったため、設備不良が多発してイメージが悪化し、廃れていきました。太陽熱利用システムは、それと似ていますが、熱交換を利用する異なるシステムです。

年間を通じて冷暖房を使用する施設を新築する場合は、地中熱利用システムが効果的です。これは、地中の土や地下水の温度が年間を通じて一定である性質を活用し、その熱を取り出して空調設備の熱源とします。エアコンのヒートポンプと同じ原理ですが、エアコンのように季節によって変動する空気の熱を取り出すよりも、相対的に夏は冷たく冬は温かい地中の熱を取り出す方が、効率的です。欧州でヒートポンプといえば、地中熱を指すくらいです。温泉地であれば、このシステムを応用して、温泉を熱源として利用することもできます。

地中熱の課題は、費用の高さです。ボーリングしなければならず、それが設置費用を高めます。設置費用の高さに対して、冷暖房と給湯にしか使えないため、それらの利用量と稼働率が高くなければ、費用回収に何十年もかかってしまいます。一方で、新築時のボーリングと合わせて設置すれば、費用を下げられます。商業施設や病院のように、全館冷暖房する大規模な施設であれば、稼働率を高めて、費用回収の年月を短くすることができます。住宅であっても、ボーリング深度の浅い、簡易なシステムであれば、費用を下げられます。

暖房と給湯の熱源として、高い汎用性を持つのが、木質バイオマスの熱利用です。チップやペレットであれば、燃料を自動供給できるため、重油や灯油の代替として使えます。専用のボイラーを必要としますが、設備の老朽化に合わせて交換すれば、それほど追加費用はかかりません。伝統的な木質バイオマスである薪も有用です。ストーブはもちろんのこと、薪ボイラーやキッチンストーブを使えば、給湯や調理の熱源としても使うことができます。

木質バイオマスの課題は、木質燃料の供給にあります。チップ、ペレット、薪のいずれの木質燃料も、山から伐り出し、使用できるように乾燥・加工するまで、費用がかかります。林業や製材が盛んな地であれば、木質燃料は副産物となるため、費用が下がるとともに、安定的に供給されます。

日本では、林業とその周辺産業が衰退しているため、副産物を得にくいという現状があります。農山村地域では、周辺の山にたくさんの木があるため、簡単にできると思って手を出し、失敗する例が後を絶ちません。総務省は、かつて全国展開された「バイオマス・ニッポン総合戦略」に基づく事業について、2011年の行政評価で「期待される効果が発現しているものは皆無」と公表しました。木質バイオマス利用を成功させるには、林業から再生しなければならないのです。

ボイラーやストーブという燃焼機器にも課題があります。国産の機器は一般的に、燃焼効率が低いため、海外製に比べて、同じ熱量を得るのに多量の燃料を必要とします。燃焼効率の低さは、木質燃料の値段の高さや手間と相まって、費用対効果を悪化させます。

積雪地では、冷房や貯蔵の熱源として、雪氷熱を使うことができます。断熱性の高い貯蔵庫に雪を貯め込み、春から秋にかけて冷房の熱源として使います。ただ、そのまま雪の冷気を使うと湿度が高いため、汎用性は高くありません。一方、熱交換をすれば湿度をコントロールできますが、その分だけ費用が上昇します。

注目される動きは、データセンターです。年間を通じてコンピュータをフル稼働させるデータセンターは、機器の常時冷却による電気代の高さが課題です。雪氷熱を使えば、それを下げることができます。

熱利用を促進する政策

長野県では、熱利用の重要性を認識し、普及に取り組んでいます。ただ、FITのような国の仕組みがないため、手探りで推進してきたのが実情です。他の政策に比べて、これという決め手に欠ける感は、否めません。

ベースとなる政策は、先に紹介した建物再エネ検討制度です。検討マニュアルでは、熱利用を発電よりも優先して検討することを求めています。

また、熱利用向けの補助金を設けています。「地域主導型自然エネルギー創出支援事業」として、熱利用設備の導入費用の一部を補助するというもので、いわゆる通常の補助金です。エネルギーを活用した地域計画の策定への補助金と、合わせた予算になっています。これまで、温浴施設の薪ボイラー、ホテルの温泉熱暖房、福祉施設のペレットストーブ、農産物貯蔵施設の雪氷熱、介護施設の地中熱空調などを支援してきました。

防災施設への熱利用設備の導入も進めてきました。環境省が「グリーンニューディール基金」（2012〜2016年度）として、全国の都道府県・政令市などに配分した資金を財源に、使い方を工夫しました。この基金は、防災に関係する施設で、防災機能を強化するために再エネを設置する場合、その費用の全額もしくは一部を補助するものです。長野県では総額15・7億円の配分を受けました。

図表 13　熱利用設備の導入例、栄村北野天満温泉のチップボイラー

（提供：長野県）

狙いは、寒い期間の災害を想定し、避難場所に再エネの暖房を導入することです。長野県では、少なくとも11月から4月までの半年間は、夜間に暖房を必要とします。避難先に暖房がなければ、避難場所として十分に機能しないのです。高齢化が進んでいるため、長期避難となった場合の二次被害（疲労や環境変化による健康被害）を防ぐことも重要です。長期避難所で入浴できれば、高齢者の二次被害を防ぐことに役立ちます。そこで、全77か所への導入のうち、約3割の予算を熱設備の導入に用いました。導入例には、病院の託児所の薪ストーブ、役所庁舎の薪ストーブ、避難場所に指定されている温浴施設のチップボイラー（図表13）、乳幼児を受け入れる保育園への地中熱などがあります。

ドイツでも、熱利用は重視されています。

2012年の熱利用実績12%について、2020年までに15・5%まで増加させるとの目標を立てています。「再エネ熱法」を2009年から導入し、実質的にすべての新築建物に対して、熱需要の一定割合以上を再エネで供給することを義務づけています。既存建物に対しては、国として補助金を設け、熱利用設備の設置を推進しています。地域熱供給システムに対しては、低利融資で推進しています。

第3章　政策を動かす力

原動力となる4つの力

信州エネルギーシフトの背景には、原動力となる4つの力があります。政策を縦軸とすれば、これらの力が横軸となって、政策を前に進めています。

◉第一の力は、条例です。長野県には、再エネを促進するための独立した条例はありませんが、地球温暖化対策条例を上手に活用し、実質的にそうした役割を担わせています。

◉第二の力は、公共施設です。長野県では、公共施設への再エネ設置を目的とせず、手段とすることで、再エネの普及を図っています。

◉第三の力は、ネットワークです。エネルギーシフトは、行政だけで進められるものではありません。長野県では、信州ネットワークなど産官学民のネットワークに加え、ドイツとのネットワークを重視しています。

◉第四の力は、リーダーシップです。最初に呼びかけた人のリーダーシップに呼応し、多様なステークホルダーがフォロワーシップを発揮しています。

条例で実効性を高める

信州エネルギーシフトの背骨は、条例です。前章で紹介した政策のうち、事業計画書制度と省エネラベル制度、建物エネ性能検討制度、建物再エネ検討制度は、地球温暖化対策条例に規定を設け、県民や事業者に対して一定の義務を設けています。

これまで紹介した以外にも、条例で定めている主要な制度に「エネルギー供給温暖化対策計画書制度」があります。これは、県内に電気を供給している電力会社や新電力に対し、計画と報告を求める制度です。電気は、発電方法によって排出するGHGが異なります。県としては、環境に配慮した発電を求めるとともに、県民が電力会社を選ぶ際の参考としてもらうため、計画を公表しています。

特徴は、電源構成の明示を義務づけていることです。石炭、LNG、石油、原発、水力、FIT、FITを除く再エネ、市場調達について、それぞれの割合と調達量の見通し・実績を公表します。

これが可能なのは、条例だからです。その自治体の区域内に限定されますが、そこで居住・活動する人・企業に対し、一定の義務を課すことは、自治体では条例以外でできません。例えば、知事の決定であっても、要綱・ガイドラインであっても、条例に基づかなければ、強制力を持ちません。
強制力を持つだけに、的確な条例を制定すれば、少ない予算とスタッフで大きな効果をあげられます。実際、環境行政では、自治体が課題を解決するため、国に先駆けて条例を制定してきました。典型例は、高度成長期の都が「公害防止条例」を制定し、主要な大気汚染源になっていた重油の硫黄分規制を始めたことです。都環境局長を務めた大野輝之さん（自然エネルギー財団常務理事）は、都の環境行政について「条例制定権を最大限に活用して、率先して独自の施策を導入していくという姿勢」と述べています。[*23]
一方で、効果的な条例は、緻密な制度設計と丁寧な合意形成を必要とするため、敬遠されがちです。条例の明確な必要性、憲法や他の法令との整合性を庁内審査で説明することから、議会での審議、そして規則や書式に至るまでの細かい規定を作成し、関係者への説明会で厳しい質問に答えることまで、条例の施行までは複雑で気の遠くなるような手順を経ます。そのため、自治体ではしばしば、条例が非現実的な選択肢に思えてしまうのです。
そこで、妥協の産物として「理念条例」を制定することがあります。これは、条文に具体的な義務や権限を規定しない条例のことで、首長と議会の意思を示す宣言のようなものです。こうした条例を制定しても、地域の課題解決には寄与しません。

市町村の再エネ条例

各地で再エネ条例を制定する動きがあり、その方向性は2つに分かれます。再エネを促進する条例と、再エネを規制する条例です。規制の場合は、再エネ条例でなく、環境影響評価条例や景観条例、自然保護条例の場合もあります。

規制の動きがあるのは、森林伐採などの大規模開発を伴うメガソーラー計画が各地で浮上し、トラブルになっているためです。この問題を調査している山下紀明さん（環境エネルギー政策研究所主任研究員）[*24]によると、２０００年から２０１５年までの15年間でメガソーラーに関する50件の紛争がありました。

長野県でも、そうしたメガソーラー事業があり、一定規模以上の事業について、環境影響評価条例の対象にしました。２０１５年10月に条例を改正し、翌年1月から施行しています。それまで、スキー場や別荘地など特定の開発事業のみを対象とし、それ以外は対象にしていなかったため、想定外の開発事業が出てきても対応できませんでした。改正により、メガソーラーのみならず、あらゆる開発行為を対象とするようになりました。対象となる開発規模は、森林では30ha以上、その他の場所では50ha以上です。なお、太陽光と宅地については、分割による抜け道を防ぐため、森林で20ha以上となっています。

また、一定規模以上の対応について県の役割とし、それ以下については市町村の役割と整理しました。小規模な事業について、県による一律の規制が困難で、市町村によるまちづくりの自主性も損なうためです。県の役割を自然公園、森林の20ha、その他の50ha以上とし、それ以下の規模を市町村の役割と整理しました。

その上で、市町村での対応を県で支援することにし、対応マニュアルとモデル条例を作成しました。この問題に詳しい山下さんや丸山康司《やすし》さん（名古屋大学教授）からも助言を受けました。作成した「太陽光発電を適切に推進するための市町村対応マニュアル」は、既存の法令を活用して、自治体担当者がどのように合意形成や環境保全を進めるか、という観点で整理しています。単なる法令集ではなく、フローチャートや具体的な対応策を示し、再エネに詳しくない市町村担当者でも、情報収集から協定案の提示まで、的確な対応ができるようになっています。

モデル条例は、規制だけでなく、協働型や地域主導型の再エネ事業を推進する規定も盛り込んでいます。6つの要件から構成されています（図表1）。第一は「基本方針」です。再エネに関する基本方針を明確にします。第二は「合意形成手続」です。届出や住民説明会、自治体への報告など、事業者に対する手続を定めます。第三は「協議会」です。地域との協働を望む事業者の申出で協議会を設け、合意形成や地域貢献、参画について、住民などと協議する手続で、外部主導型を協働型へ誘導する規定です。第四は「認定」です。住民などによる地域主導型事業を認定し、特別に支援する手続です。地域主導型を盛んにし、行政による特別の援助を可能にします。第五は「ゾーニング」です。事業を回避する場所や促進する場所をあらかじめ明示します。ゾーニングは、紛争を未然に防止し、地域づくりと調和した再エネ事業を促進する有効な方法です。第六は「対抗権限」です。悪質な事業者に対抗するための権限を自治体の長に付与する規定です。これがあることで、手続やゾーニングの実効性が高まります。

図表１　モデル条例の「６つの要件」の概要

1
地域とエネルギーの関係、
政策の基本方針を明記
2
www
届出・住民説明会・公表など
合意形成手続の規定
3
専門家
住民
事業者
地域団体
行政
地域貢献する事業者との
合意形成を促す協議会の規定
4
¥
地域主導型の事業を認定し、
特別に支援できる規定
5
促進地
慎重地
回避地
事業の回避・促進地区の指定
（ゾーニング）の根拠規定
6
悪質な事業者に対抗する
権限（勧告・公表等）の規定

（出典：自然エネルギー財団「地域エネルギー政策に関する提言」）

長野県が法令や条例による対応を重視し、それを市町村に推奨するのは、ＦＩＴの事業認定において、条例を含む法令遵守が義務となっているためです。法令を遵守しなければ、事業認定が取り消されます。これが、要綱やガイドラインによる行政指導の場合、相手が遵守しなくても法令違反になりません。とはいえ、小規模な市町村で複雑な条例を準備することは容易でないため、県としてモデルを作成しました。木曽町は、このモデルを基に条例を制定しています。

一方、地域主導型を支援する条例を独力で制定した県内自治体もあります。飯田市は「再生可能エネルギーの導入による持続可能な地域づくりに関する条例」（以下、地域環境権条例）を２０１３年３月に制定しました。この条例は、地域環境権を規定し、地域主導型や協働型の事業を特別に支援することとしています。

公共施設を有効活用する——政策展開・モデル事業の場

公共施設は、あらゆる自治体にあります。公共施設と一口にいっても、役所庁舎、学校、福祉・文化施設、高齢者施設、浄水場、廃棄物施設など、多種多様な建物があります。

長野県では、環境エネ戦略のために公共施設を有効活用する方針です。多くの自治体は、どうやって公共施設に再エネを設置しようか、という視点で考えます。それに対し、長野県では、どうやって公共施設を再エネや省エネの普及に活用できるか、という視点で考えています。

前章で紹介した公共施設の屋根貸しは、屋根を借りての太陽光発電を普及するために行っています。究極的には、県内のあらゆる屋根で発電することを目的とし、それには屋根借り事業を普及することも重要との考えです。また、公共施設の屋根貸しを容易にすれば、市町村を含め、公共施設の屋根で発電することが当たり前になります。そのため、第一弾の事業では、データや情報をオープンにしました。屋根貸し手順をマニュアル化し、ホームページで公表しているのも、同様の理由です。

補助事業についても、熱利用のメリットを市町村や住民に知ってもらうため、公共施設への設置に力を入れました。ただ、熱利用自体があまり知られていませんので、待っていても案件は上がってきません。そのため、県の担当者は市町村を回って案件を掘り起こしています。

これらの他、公共施設をモデルケースに、中小規模でのＥＳＣＯ（Energy Service Company）事業の可能性を検討しています。これは、施設所有者からエネルギー改修を引き受け、その経費を光熱費の削減分から回収する事業です。初期投資をかけずに施設改修できるのが、メリットです。一方で、施設所有者があらかじめ調査し、光熱費削減で一定の利益が見込めることを示さなければ、公募しても手をあげてくれる事業者は出てきません。調査には費用と手間がかかります。その割に光熱費削減の金額が限られるため、中小規模の施設はためらいがちになります。

手法を探るため、県立看護大学の施設を用いて事業を進めています。その結果、選定事業者からは、熱源設備を高効率機器へ交換することや機器の効率的な制御、サッシ交換などの改修により、エネルギーを40％削減するとの提案がなされました。また、ＥＳＣＯの専門事業者には、県内の事業者と共同事業体を組むことを条件にしました。県内のＥＳＣＯ事業者を育成するためです。

このように、公共施設を活用することで、政策手段の幅は広がります。公共施設は、本来の目的を損なってはならない住民の共有財産で、建設に際して国から多額の補助金を得ている場合もあるため、異なる目的で活用することに、施設管理の担当者は及び腰になってしまいがちです。それに対し、明確なビジョンを掲げ、関係者と合意形成することが、政策担当者には求められます。

パリ協定の公共施設への影響

日本は、２０１６年11月に気候変動に関するパリ協定を批准しました。パリ協定は、世界の平均気温の上昇を２度未満に抑えることを合意した国際条約です。これは、今世紀後半には、人間活動によるＧＨＧ排出量を実質ゼロにするということを意味します。すべての国が、排出量削減目標をつくり、国内対策をとることも義務となっています。これは、化石燃料が使用できない状況が、今世紀後半までに必ず到来するということです。

パリ協定は、全国の自治体に大きな影響を与えます。いずれ、ガソリンエンジンの自動車は使えなくなりますし、低炭素化ではなく脱炭素化を本気で進める必要が出てきます。

今すぐに対応しなければならないのは、公共施設の設計です。市区町村の保有する公共施設の延床面積は、2005年時点で約240㎢あります。[*25] そのうち、約100㎢が1970年までに、約170㎢が1980年までに建てられました。2020年までに約4割の公共施設が築50年、約7割が築40年を迎えるわけです。これらは、老朽化と耐震化のため、新築や改築、大規模改修が避けられません。今は、多くの自治体で、公共施設の検討や設計が行われている最中なのです。

これから建設する公共施設の多くは、今世紀後半でも使用している可能性が高いでしょう。その理由は2つあります。一つは、現在の建物が100年単位の長寿命化を指向していることです。実際、30年程度での建替えを想定していた時期の公共施設ですら、40年、50年と使用しています。もう一つは、自治体の恒常的な財政難です。これから、人口減少で税収減の時代が本格化します。公共施設の新築や建替えは、低い優先順位とならざるを得ません。そう考えれば、これから建てる公共施設は、2100年頃まで使用されても不思議でありません。

すると、これから建設する公共施設は、ゼロエネルギー仕様の設計でなければなりません。そうでなければ、遅かれ早かれ、使用禁止になるでしょう。あるいは、大規模改修を余儀なくされます。公共部門には、民間部門に先駆けて、パリ協定を率先して実現すべき責務もあります。

建物のゼロエネルギー化を目指す際、２つの方法があります。一つは、断熱性等の躯体性能を飛躍的に高めた上で、それでも使用せざるを得ない残余のエネルギーについて、高効率空調や再エネなど設備の性能で補う方法です。もう一つは、躯体の性能を標準的なままとし、高効率空調や再エネ設備を大量に装備することでゼロエネルギーを実現する方法です。

日本では、設備に依存する後者の方法が主流ですが、設備の耐久期間が躯体よりも著しく短いことが問題です。高効率設備で約10年、再エネ設備で約20年です。どれだけ高性能の設備を導入しても、定期的な入れ替え費用は避けられません。後者の設備に頼ったゼロエネルギー仕様は、前者に比べて、設備入れ替えの費用が多額になってしまうのです。

しかも、躯体性能を高める際、新築に比べて、改修ではより多額の費用を必要とします。新築において断熱性等を高める工事は、通常の建設工事の一部となるため、相対的に安い費用で済みます。ところが、改修で断熱性等を高めるには、多額の費用がかかります。

ドイツを含むEUでは、躯体の性能を高めた上で、使わざるを得ない残余のエネルギーについて、設備や再エネで補う前者の方法を採用しています。公共施設の将来的な維持費用を抑えるならば、設計段階から躯体性能を高めることが不可欠だからです。そうしなければ、今世紀後半に使用できなくなるか、設備の入れ替えで定期的に多額の費用を必要とするか、大規模改修で多額の費用を必要とするか、いずれかが避けられません。

ドイツとのネットワーク

長野県内のネットワークは、先に紹介した信州ネットが核になっています。産官学民のステークホルダーが、意見交換や情報共有をすることを通じて、有機的なネットワークを構築し、信州エネルギーシフトの基盤としての役割を担っています。

また、エネルギーシフトの本家ドイツとの連携を進めています。きっかけは、在ドイツ日本大使館の担当官が、ドイツに学んでいる長野県の環境エネ戦略を知り、県のスタッフたちと意見交換したことです。２０１６年の富山での日独環境大臣会合で、日本とドイツの自治体間の交流を盛んにし、日本の地域エネ政策を前進させることになりました。それがきっかけとなり、２０１６年度にドイツの自治体首長や専門家が長野県を訪問し、長野県副知事がドイツ・フライブルク市を訪問しました。

２０１７年9月には、それまでドイツで開催されていた「地域再生可能エネルギー国際会議」が長野県を会場に、初めて日本で開催されました。この会議には、日独を代表する専門家や実務家が集まりました。ドイツからは、ドイツ連邦環境省、ヴッパタール気候・環境・エネルギー研究所、欧州の環境首都・フライブルク市の市長などが参加しました。日本からは、長野県知事の他、小田原市、飯田市、生駒市など先進自治体の市長、会津電力、徳島地域エネルギーなど地域発電会社、みやまスマートエネルギー、湘南電力など地域新電力などが参加しました。

こうした交流をきっかけに、長野県ではドイツに倣ったエネルギー産業の振興が始まっています。行政や事業者、信州ネット、専門家などで研究会をつくり、県産材を活用した省エネ建材の開発や太陽光発電の設置・メンテナンスの生産性向上に取り組んでいます。

参考にしたのは、ドイツ・北ヘッセン地域での産官学民の産業振興組織「deENet」です。「deENet」はカッセル大学が中心となり、環境エネルギー分野に関する情報を共有し、技術開発や産業振興を促進しています。「deENet」所長が何度も長野県を訪れ、関係者との意見交換や県内視察をしています。

民間でも、ドイツとの交流を基礎に、環境エネルギー分野の取組みが進んでいます。2015年度には、事業者と信州大学の連合が、環境省や県の支援を得て、世界最高水準の超断熱木製サッシの開発に成功しました。県産の木曽ヒノキを使ったサッシです。性能試験はドイツで行われました。

また、林業分野では、ドイツの隣国オーストリアとの連携が進んでいます。オーストリアは、長野県と同様の急峻な地形にもかかわらず、林業で長野県の約6倍の生産性を誇っています。それを可能としているのは、恒久的で濃密な路網、長期的で具体的な森林経営計画、中小企業の提供する安価で信頼性の高い高性能林業機械、事故の少ない労働安全環境、教育訓練された質の高い人材です。日本の林業には欠けるものばかりです。県は、そのノウハウを県内に導入しようと、オーストリア政府と連携協定を結んでいます。

リーダーシップ

自治体でエネルギー政策を確立するには、リーダーシップが不可欠です。ほとんどの自治体で前例がないため、通常業務の延長線上では着手できないからです。それは、首長や議会、住民からの発意でも同じです。

それを乗り越えるには、誰かがリーダーシップを発揮し、人員や予算を確保しなければなりません。どこの課で担当するにしても、新しい社会をつくる仕事という認識で、前向きに捉えるようにしなければ、新しい政策を確立することはできないからです。

リーダーシップとは、取組みにおいてイニシアチブを発揮し、最後まで逃げない人の姿勢のことです。もちろん、トップにはそれを発揮することが求められますが、実際に発揮する人がトップとは限りません。現場の人がリーダーシップを発揮していることもあります。

長野県では、トップとリーダーシップを発揮している人が同じで、阿部知事です。県内には飯田市でのおひさま進歩エネルギーの取組みなどが以前からありましたが、産官学民の県内ステークホルダーが広く連携した取組みになっていませんでした。とりわけ、要《かなめ》となる県行政の動きは鈍いものでした。

それでは、阿部知事は、信州エネルギーシフトをどのように捉えているのでしょうか。

阿部守一長野県知事インタビュー

――阿部知事は、2010年の初当選した選挙でエネルギー戦略の策定や温暖化対策の強化を公約に掲げ、信州エネルギーシフトを主導してきました。一方、経歴を見ると、地方自治を現場中心に実践してきていますが、環境やエネルギーに関するポストはありません。再エネや温暖化対策に関心を持ち始めたのは、いつ頃からですか。

環境に強い関心を持つようになった転機は、2007年に横浜市副市長となってからです。当時の横浜市は、副市長が4人いたのですが、行財政全般や環境などを所管する副市長となりました。それで、当時の中田宏市長から温暖化対策に力を入れてほしいとの指示があり、温暖化対策や再エネを勉強することになりました。

私としては、所属していた総務省を退職し、片道切符で横浜市に行ったため、背水の陣の意気込みでした。ですので、単に様々ある所管の一つとしてではなく、かなり強い意欲で勉強しました。それで、2007年度の末に、現在でも横浜市の温暖化対策の原型となっている「CO－DO30（横浜市脱温暖化行動方針）」を策定しました。そのなかで、それが環境部局だけでなく、地域全体の将来像を左右する極めて重要な課題だと理解するようになりました。

図表２　阿部守一知事

1960年東京都生まれ。東京大学卒業後、自治省に入省。山口県、岩手県、神奈川県、愛媛県等での勤務を経て、長野県副知事、総務省過疎対策室長、横浜市副市長、内閣府行政刷新会議事務局次長等を務め、2010年の選挙で長野県知事に当選。

横浜市での取組みはそこで終わらず、翌年度、国が優れた温暖化対策の取組みをする自治体を「環境モデル都市」として認定することになると、市長から認定取得を指示されました。今度は、方針レベルにとどまらず、具体的な政策やプロジェクトを提案し、実施していく必要がありました。１か月程度の期間で、全部局の横断で徹底的に議論し、国への提案を作成しました。私もスタッフたちとひざ詰めで議論しました。

結果として、これまでの実績と提案の先進性が評価され、横浜市は「環境モデル都市」の認定を受けることができました。もちろん、それは取組みのスタートで、その後も部局横断の徹底した議論や試行錯誤が続きました。当時は、まだこの分野に取り組む自治体は少なく、前例もほとんどなかったからです。ただこの議論のなかで、温暖化対策や再エネを自治体で推進していくための方法論を学びました。

今から振り返ると、それだけ勉強と議論をしたのは、温暖化対策が、公務員になった初心と合致していたからだと思います。新しい社会は、これまでの日本や世界の発展の延長線上にはないと思い、公務員こそが社会を変える仕事で、創造的な仕事だと思って就職しました。まさに、温暖化対策や再エネの普及拡大は、これまでの社会のあり方を変える重要な要素です。横浜市の温暖化対策で部局横断の議論と取組みをしたときに、あらゆる政策分野の基本としての環境、地球温暖化という視点を強く意識するようになりました。

——長野県の地域エネ政策の進展について、どのように認識していますか。

県の政策としては、大きく進展したと考えています。「環境エネルギー戦略」の策定や「地球温暖化対策条例」の改正などで、制度と仕組みはできました。そうした取組みが評価され、2016年には関係団体や専門家たちから、全国の自治体でもっとも優れた計画を実践していると表彰も受けました（筆者注：低炭素杯実行委員会による「低炭素杯2016ベスト長期目標賞自治体部門大賞」受賞のこと）（図表3）。この取組みをさらに前へ進めていくことが、県の責務だと考えています。

図表3　低炭素杯2016ベスト長期目標賞授賞式
長野県の地域エネルギー政策が全国的に評価されました。

（提供：長野県）

一方で、県民の皆さんお一人お一人に、県の考え方が伝わっているかというと、そこはまだまだ疑問が残ります。温暖化対策では、県民の皆さんの行動変容が大切になりますし、再エネをさらに普及させていくためには、自ら取り組む県民がもっともっと増えてほしいと思います。新しい社会は、行政だけで創れるものではなく、県民お一人お一人の力がなければ実現しないからです。

――温暖化対策や再エネが「あらゆる政策分野の基本」とのことですが、お考えをお聞かせください。

温暖化対策であっても、環境にとどまらない多面的な効果を発揮させていくことが必要という意味で、「あらゆる政策分野の基本」になるのです。それは温暖化対策だけでなく、他の分野でも共通すると、行政の長として仕事をしていて、日々、重要性を痛感しているところです。過去に比べて、分野横断で取り組まなければならない課題が急増しているようにも感じます。

例えば、観光分野です。県庁には、観光部という組織があって、観光政策に力を入れているのですが、スタッフたちと議論すればするほど、観光部の所管事項だけでは、観光政策は完結しないと感じています。これまでの観光政策はキャンペーンを重視していましたが、これからはまちづくりや情報化、農林水産業などを一体で考えていくことが重要です。このように組織横断で取り組むべき政策ですが、残念ながらこれまではそうなっていませんでした。そこで、組織横断で取り組む体制として観光戦略推進本部を立ち上げました。

温暖化対策も同じです。環境部の仕事だけで終始してはいけないと思います。様々な政策のなかに、温暖化対策の視点を入れていくことが大切です。高断熱・高気密の省エネ住宅を普及すれば、それは高い付加価値の仕事を地域に生み出すという点で地域経済にプラスとなりますし、冬でも血圧の急激な変化を起こしにくい、すなわちヒートショックを起こしにくいという点で住民の健康にもプラスとなります。

また、持続可能な森林環境をつくることは、木材の活用が進むという点で林業活性化になりますし、木質バイオマスを使いやすくするという点で再エネの促進になります。要は、分野横断で

図表４　オーストリア政府と連携協定を締結
日本にまで建材を輸出している林業大国オーストリア。急峻な地形や高い人件費など長野県と同様の条件をどのように乗り越えているのか、学ぶ点は多くあります。

（提供：長野県林務部）

政策を考えていくことを当たり前にしなければならないのです。ですから、温暖化対策を新しい社会を考えるベースとして位置づけています。

——長野県では、林業の抜本的な活性化を目指し、オーストリア政府と連携の覚書を結び、欧州型林業への政策転換を進めていますね（図表４）。知事はオーストリアとの連携について、どのように捉えていますか。

長野県は森林県ですが、林業県ではありません。それが、私の認識です。本来であれば、豊富な資源を活かして、林業や関連産業がもっと盛んであっていいはずなのです。林業というのは、木を伐り出すだけでなく、それを製材し、家具や建材として活用し、紙の原料になり、最終的にはエネルギーになります。そのあらゆる段階で、産業を生み出すのです。ですが、日本全体と同様に、長野県もそうした産業が盛んではありませんでした。

そこで、オーストリアを模範に林業県に転換しようというのが、長野県の基本方針です。オーストリアは、長野県と同様に急峻な地形で、人件費の高さも含めて、条件が非常に似ています。しかし、オーストリアでは長野県よりはるかに林業や関連産業が盛んです。林業で働く人も、十分な待遇を得ています。実際、2015年にオーストリアを訪問し、私もこの目で確かめてきました。

現在は、基盤となる取組みを始めたところです。長野県の主力樹種であるカラマツは、多くの森で主伐できる段階になっていて、搬出して再造林する段階に差し掛かっています。これらの木材を単に安く売るのではなく、価値を高めて売っていくことが重要です。そうした観点で「信州プレミアムカラマツ」の認証制度をつくり、ブランド化を図っています。

また、県として推進している「信州F・POWERプロジェクト」も動き出しました。これは、塩尻の民間木材加工施設と木質バイオマス発電施設を中核とするプロジェクトで、山側の林業環境の整備や木質バイオマスのエネルギー熱利用もセットになっている官民合同プロジェクトです。発電施設の整備はこれからですが、既に木材加工施設は動き出し、森林活用のサイクルが県全体で回り始めました。

こうした県の政策方針や本気で取り組んでいる姿勢については、県民や関係者から前向きに捉えられていると認識しています。実際、本年（2017年）5月に県内で開催した「国際ウッドフェア」では、そうした声をたくさん聞くことができました。長野県が、欧州と連携しながら新しい森林・林業政策を進めていることが、知られる機会になったと思っています。古い産業と思われがちな林業が、実は先端技術を様々に駆使している先端産業という面を持っていると、県民に期待感も持ってもらえたと思います。

――阿部知事は、子育て政策や貧困対策、困難を抱える人への政策、自然保育の促進など、人を重視した政策をこれまで積極的に進めてきました。人を重視する政策は、ドイツやオーストリア、北欧などにも共通しています。阿部知事の政策は、欧州の政策と親和性が高いのではありませんか。

そうですか（笑）。欧州を特に意識していることはありません。地域課題をどうやったら解決できるかということですね、いつも考えているのは。

もしそのように感じるとすれば、私の発想の根底が、競争至上主義でないところにあるのかもしれません。もちろん、競争をすべて否定するわけではないのですが、自治体の役割としては競争よりも協働を重視すべきだと考えています。その方が、地域の潜在力を活かすことにつながると思います。
それは、国の公務員になって、長い期間、自治体で仕事をしてきたという経験に加え、個人的な体験が背景にあると思います。自分自身が「困難を抱える人」になったことが、これまで幾度かありました。例えば、高校生のとき、学校に馴染めず、別の高校に転校したことがあります。また、40歳になるくらいの頃、ギラン・バレー症候群を患い、寝たきり生活になったこともあります。誰でもどんな人でも、困難を抱えることがあると、骨身に沁みて理解しました。こうした経験が、私の考え方の背景にあります。

――今後、どのようなことに力を入れていきたいと考えていますか。

キーワードは「学び」だと考えています。これからの時代、人口減少は避けられず、グローバル化が進むでしょう。技術革新も急速に進み、イノベーションがさらに求められるようになるのは確実です。世界の動きは瞬時に長野県へ影響してきます。そうした社会では、県民一人一人、誰もが学び続けることが暮らしを良くしていくための基本になります。子どもはもちろん、大人であっても学び続けることが大切になってきます。近いうちに、人生は百年時代になるでしょう。人生のすべての期間、学び続けられる環境を充実することが、行政の重要な役割になると考えています。

県民が学び続ければ、必ずや自らの行動を変容して新しい世界の環境に適応するとともに、地域の課題を解決していくことができると思います。つまり、学んで行動できる県になることが、地域力の向上になるのです。長野県には、勤勉で活発な県民性があります。それを行政が後押ししていく。そして、社会のイノベーションを起こし続けていくことが重要です。

それが、長野県という地域を持続可能なものにする基礎になると考えています。今、SDGs（筆者注：国連の持続可能な開発目標）が注目を集めています。先進国も途上国も持続可能になっていくことが、平和な世界をつくり出すという考え方です。特に重視されているのは「誰も置きざりにしない」ということで、これは私の基本的な考え方にも合致します。長野県としては、SDGsの考え方に基づき、地域の課題を解決するとともに、長野県の長所を伸ばしていきたいと考えています。

長所としては、健康と環境があります。健康では、既に長寿日本一となり、さらに健康で長寿な県づくりを進めてまいります。環境では、これまで以上に温暖化対策や再エネの取組みを進め、地域の様々な課題の解決と結びつけていきたいと考えています。

多様なステークホルダー

知事のリーダーシップに呼応して、様々なステークホルダーが取組みを始めたり、加速させたりしてきました。その典型は、先に紹介した信州ネットです。県内の市民や専門家、企業、団体、行政などで、再エネに関心を持つ人たちが集まり、結成されました。

環境エネ戦略の策定や条例の改正も、参画する人を拡大しました。県内の多くの建築士や工務店が、エネルギーを考えた建物づくりに取り組み始めています。エネルギーを多消費する事業所では、これまで以上に、省エネを意識するようになっています。策定プロセスを通じて、県担当者と県内の全市町村担当者とで意見交換したこともあり、市町村での持続可能な地域づくりも、一層盛んになっています。

筆者には、強く印象に残っているエピソードがあります。環境エネ戦略は、県の温暖化対策計画としては、第三次の計画に当たります。信州大学教授の高木直樹さんは、過去2回の計画策定も有識者として助言してきました。高木さんは、建物による温暖化対策やヒートアイランド対策の専門家ですので、3回目の計画となる環境エネ戦略の策定においても、専門委員への就任を依頼しました。そうしたところ、最初は依頼を拒否されたのです。理由を尋ねると、「これまで県に様々な政策提案をしたが、採用されなかったり、採用されても骨抜きにされたりして、うんざりしている」とのことでした。筆者は「今度こそ県は本気で取り組みます。知事も本気です」と答えました。高木さんは「県の姿勢次第では、これが県と共にする最後の仕事になります」と、渋々ながら委員就任を引き受けてくれました。高木さんは、専門委員会で建物のエネルギー性能を高める具体的な仕組みを提案し、それが建物エネ性能検討制度として結実しました。現在は、信州ネットの会長として、県と連携して再エネに取り組んでいます。

信州エネルギーシフトは、このように多様なステークホルダーの取組みの積み重ねで、起こっているうねりです。ドイツと同様に、一人のヒーローではなく、多くの県民の取組みの結果なのです。それどころか、再エネについて「自ら取り組む県民がもっともっと増えてほしい」というのが、知事の考えです。そうだとすれば、信州エネルギーシフトは、まだ始まったばかりといえるでしょう。

第2部
信州エネルギーシフトの担い手たち

第1章　地域エネルギー事業の担い手

長野県では、地域エネルギー事業が盛んに行われています。住民が設立した株式会社で発電したり、環境ＮＰＯが事業を手がけたり、起業精神に富む個人がベンチャーを立ち上げたり、中小企業が参入したり、住民と外部の事業者で協働したり、市町村が公共施設を活用したりと、そのかたちは様々です。

ここでは、いずれも信州ネットに参画している3者のインタビューを紹介します。まず、全国的に見てもパイオニアの「おひさま進歩エネルギー株式会社」です。次に、上田地域で太陽光発電事業を展開する「ＮＰＯ法人上田市民エネルギー」です。そして、「一般社団法人自然エネルギー信州ネット」です。皆さん、誰もエネルギーの専門家でなく、ふつうの市民が集まって事業を立ち上げたことが共通点です。

地域共同の太陽光発電と市民ファンドのパイオニア

おひさま進歩エネルギー株式会社　原亮弘　代表取締役

飯田市のおひさま進歩エネルギーは、地域共同の発電所と市民ファンドによる資金調達のパイオニアとして、全国に知られています。後に続く人材の育成にも精力的に取り組んでいます。

――おひさま進歩エネルギーの経緯と現況を教えてください。

２００4年5月、最初に太陽光発電を設置したのは、飯田市内の明星保育園です。３kWの市民共同発電所「おひさま発電所1号」を設けました（図表2）。心がけたのは、単に設置して収益を得ることを目的とするのではなく、園児や先生、保護者、地域住民に、太陽光のことを知ってもらい、環境保全の輪を広げていくことでした。

当社の前身となる「おひさま進歩エネルギー有限会社」を設立したのは、２００4年12月です。飯田市が環境省から選定された「まほろば事業」の実施主体となりました。それで、２００5年に幼稚園などに太陽光を取り付けるため、初の市民ファンド「南信州おひさまファンド」を募集し、約2億円を集めました。それで、飯田市内の38か所の幼稚園、保育園に合計約２００kWの太

図表１　おひさま進歩エネルギーの原亮弘さん

陽光パネルを設置しました。以後、事業ごとにファンドを保有する特定目的会社（ＳＰＣ）を立ち上げ、現在は10号のＳＰＣまであります。これから11号ＳＰＣを立ち上げます（筆者注：インタビュー２０１７年７月当時）。10号までのファンドで、合計約25億円の資金調達を行ってきました。

現在の事業の主力は「メガさんぽおひさま発電所プロジェクト」です。南信州を中心に、公共施設の屋根などを借りて太陽光発電事業を展開しています。これまで66か所、約６MWを設置しました。現在は終了していますが、家庭向けの「おひさま０円システム」にも、最近まで取り組んでいました。これは、初期費用０円で住宅に太陽光パネルを設置し、９年

図表２　明星保育園のおひさま発電所１号
市民から募った資金で地域共同の発電所をつくることに注力しています。

（提供：おひさま進歩エネルギー）

間定額で利用料を払っていただくものです。設置した住宅は、余剰売電の収益が入りますので、大きな負担増になりません。それで10年目以降は、パネルを譲渡して売電や自家消費に活用していただくというものです。

――おひさま進歩エネルギーは、地域や市民の協働にこだわる株式会社ですね。

私自身が、この活動に取り組み始めたのは、地域での公民館活動がきっかけです。公民館活動というのは、県外の人にはなかなか理解してもらいにくいのですが、住民たちが集まって、課題を解決するために勉強したり、実際に活動したりするものです。その拠点が公民館なのです。市の職員も、公民館主事として活動に加わります。

公民館活動のなかで、環境保全活動をしたいと思うようになり、仲間たちと2004年2月に「NPO法人南信州おひさま進歩」を立ち上げました。明星保育園のプロジェクトは、正確にいえば、このNPOの活動です。NPO法人では、啓発などの非営利の取組みをしています。「南信州自然エネルギー普及協議会」の事務局もしています。

これらの地域活動が、私の原点になります。ですから、地域や市民に根差すというのが、当たり前というか、自然なことなんですね。そこが、利益の拡大を目的とする一般的な株式会社と異なる点です。私たちは、飯田市や南信州を持続可能な循環型社会にすることを目指しています。

――現在、飯田自然エネルギー大学で人材育成に力を入れていますね。なぜでしょうか。

「飯田自然エネルギー大学」は、正式な大学ではありませんが、それに負けない、高いレベルの知見を提供していくつもりです。開校したのは、2016年5月で、2か年のプログラムで実施しています。学長には、京都大学の諸富徹《もろとみとおる》教授に就任していただき、全国で活躍する一級の専門家を講師として招くとともに、私たちの培ったノウハウを実地で提供しています。

現在、県内外から24名の受講者が来ています。県や市の協力を得て、受講料は無料にできているのですが、交通費や滞在費は受講者の実費となるため、毎月の講義に欠かさず出るには、受講者に事業を自ら立ち上げる覚悟が必要です。さすがと思うのは、受講生の覚悟がしっかりしているため、既に相当な知見を持っていることです。私たちも、いつも真剣勝負で臨んでいます。
現在は2年目となり、受講生が事業の企画をつくっています。有望なものをいくつかピックアップし、みんなで起業していくためのプログラムとしてブラッシュアップします。修了時には、具体的な起業プログラムができていることでしょう。

――飯田市や飯田信用金庫など、行政や金融機関との連携も特徴的です。連携のポイントは何でしょうか。

やはり信頼関係だと思います。エネルギーは公共のものです。ですから、行政との連携は欠かせません。現在、当社のオフィスとしているのは、国の登録有形文化財に指定されている旧飯田測候所です。飯田市が環境活動の拠点とするべく再整備し、当社が指定管理者として施設管理業務を担っています。指定管理を受けられた背景には、市との信頼関係があったと思います。
金融機関も同じです。飯田信用金庫をはじめとして、地域金融機関との信頼関係を大切にしています。地域金融機関は、住民の大切なお金を預かり、地域に投資や融資をしています。私たちが、金融機関の資金を活用して、地域のメリットになる事業を展開することで、地域のためというお互いの志を確認し合い、信頼関係を高めることができたと考えています。特に飯田信用金庫

――には、地域のためという強い覚悟を持っていると感じています。

――飯田市とともに、上村《かみむら》地区の小水力発電の支援にも取り組んでいますね。

この事業は、とても大変です。小水力発電というのは、なかなか難しいところがあります。けれども、すごく充実感もあります。

感心したのは、上村地区の底力です。小水力発電事業を行うにあたって、上村地区の住民たちで会社を立ち上げたのですが、その中核を担う70代の方々に底力を感じました。これまで、まったく再エネに携わった経験はないのですが、事業をやるとなったら覚悟を決めて、自分たちで考え、判断しています。たいていの人は、経験のない難しい判断が続けば、誰かに丸投げしたくなります。高齢であればなおさらです。ですが、この方たちは、逃げずに決断していくのです。それも傍らで見ていて、的確と思わせる筋を通した判断です。地域の底力を感じさせられます。

――今後の活動について、どのようなことをお考えですか。

地域でのエネルギーの地産地消を実現していきたいと考えています。今、新電力の立ち上げを検討しています。できれば、需要家側、すなわち住民に様々なサービスを提供していく飯田版の

「シュタットベルケ」（ドイツの地域エネルギー公社）を目指していきたいです。地域のエネルギー事業者は、ガスやLPなど、私たち以外にもいますので、そうした事業者たちともネットワークを結び、飯田市ならではのエネルギーサービスを提供できればと考えています。

また、人材育成や省エネにもさらに積極的に取り組みたいですね。特に、省エネについては、行政の省エネ計画をサポートし、その先の具体的な設備導入や改修など、省エネ化までサポートできればと考えています。南信州では、行政がもっとも大きな事業所の一つで、エネルギーをたくさん消費しているからです。そうやって、持続可能な地域社会を先導していきたいですね。

太陽光発電「相乗りくん」とソーラーシェアリングで市民発電所を広げる

NPO法人上田市民エネルギー　藤川まゆみ　理事長、合原亮一　理事

上田市民エネルギーは、信託を活用した太陽光発電の仕組み「相乗りくん」で、住宅や公共施設、企業などの屋根借り事業に取り組んでいます。NPOとして省エネ活動や市民への啓発活動にも熱心に取り組んでいます。

――「相乗りくん」はいつ頃、どのようなきっかけで生まれたのでしょうか。

図表３　上田市民エネルギーの藤川さん（右）と合原さん（背後は合原さんの畑のソーラーシェアリング）

藤川：直接的には、福島原発事故がきっかけになりました。その前から、市民運動としてエネルギーに関する映画会やワークショップをやっていました。運動だけでなく、実際にエネルギーの地産地消に取り組みたいと話し合っていたところ、福島原発事故が発生しました。それで、具体的に取り組み始めようということになりました。

「相乗りくん」のアイデアが生まれたのは、２０１１年７月の信州ネットの立ち上げ総会の帰り道です。私と合原さん、他２人と一緒に帰ったのですが、その車中で盛り上がり、そのまま４人が理事になって、上田市民エネルギーを立ち上げました。最初もっとも苦労したのは、合原さんの説明を何度

図表４　相乗りくんの第１号事業
上田市内の住宅に屋根オーナー自らの所有するパネルと信託者のパネルが「相乗り」しています。

（提供：上田市民エネルギー）

聞いても「相乗りくん」の仕組みが理解できないことでした（笑）。

２０１７年６月現在、相乗りくん発電所（図表４）は37か所、４３６・３７kWになっています。パネルオーナーさんは県内外で約１８０人。県内の方と県外の方はほぼ同数です。集めたお金は約９０００万円になりました。ただ、本当はもっとたくさん増やしたいのです。

これまで、屋根オーナーのお問合せやお申込みは多かったのですが、住宅の場合は屋根の向きや日当たり、築年数や強度、屋根オーナーさんのご希望やご家族の同意など、すべての条件が一致するものは意外とありませんでした。ＦＩＴが始まってから、10kW以上の企業の屋根のお話も結構増えましたし、上田市民エネルギーから提案させていただくことも増えましたが、こちらは17～20年間の契約となり長期間であることや、住宅同様に屋根の条件が合わない場合もあります。また組織であることから実現までに時間がかかることが多いです。

合原：NPO法人を立ち上げた当初の具体的な目標としては、この事業で1名を雇用することでした。その1名とは、藤川さんです（笑）。藤川さんは、それまで回転寿司屋のパート勤めで、お子さんを育てていました。藤川さんをフルタイムで雇用できるようにすることを、内部的な目標にしました。今、それは実現できています。

――「相乗りくん」事業のポイントはどこですか。

藤川：「相乗りくん」は、住宅の所有者が太陽光発電パネルを設置するときに、屋根の空いたスペースに他人（パネルオーナー）の分も合わせて設置してもらいます（図表5）。屋根オーナーには、設置単価を安くできることと、12年後に他人のパネルが自己所有になるメリットがあります。パネルオーナーには、屋根を所有していなくても10年間の売電収入を得られるというメリットがあります。パネルオーナーは、一口10万円から参加できます。信託という仕組みを採用することで、金融証券取引法で求められる厳しい制約もないので、市民団体でも資金集めができます。

特徴としては、パネルオーナーとして参加した人が、実感を得られることです。屋根のパネル

図表５　相乗りくんの仕組み（屋根オーナーもパネルを相乗りする場合）

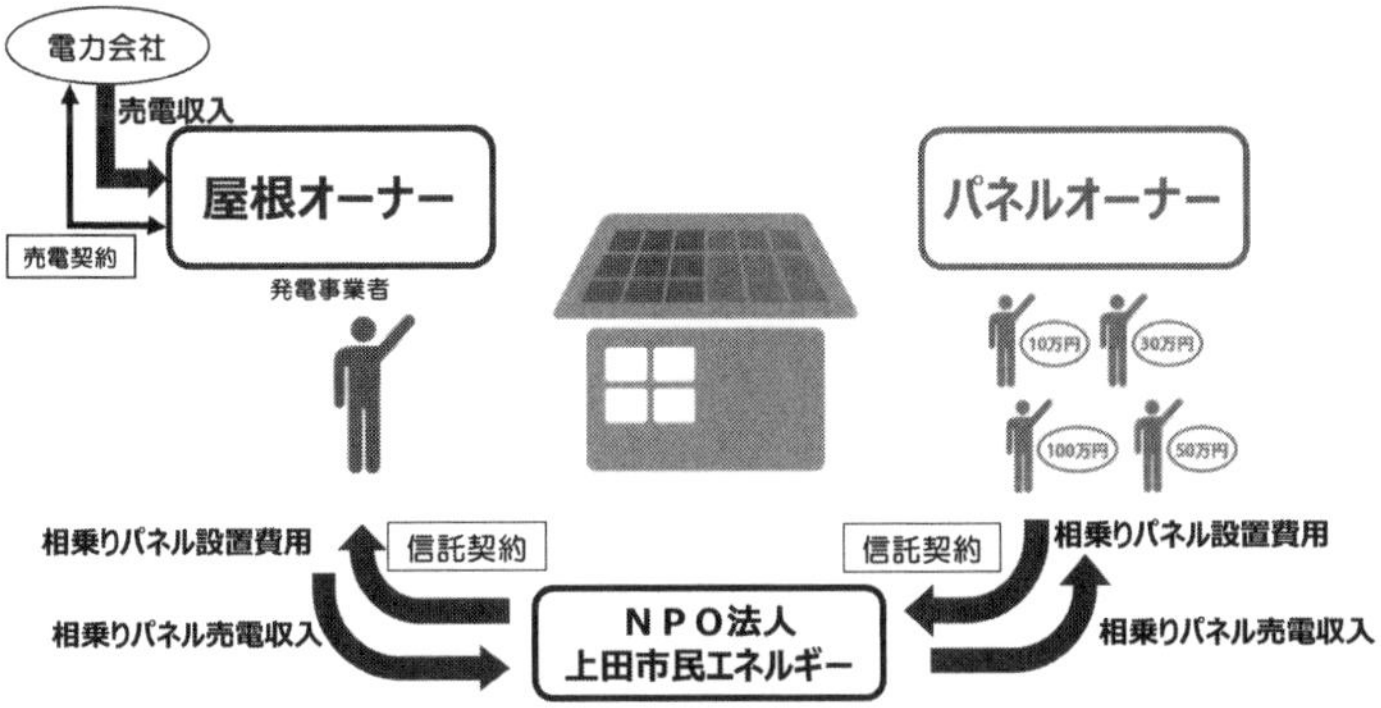

とオーナーの関係が明確なので、オーナーごとにどれだけ発電したか、実績が分かります。市民ファンドへの出資とは、その点がもっとも異なります。オーナーのなかには、自らの消費電力と対比させて、自給率を計算している人もいます。

合原：最初に制度設計したときには、パネルオーナーの実感まで考えていませんでした。結果的には、共同所有の関係が目に見えるため、ドイツのエネルギー協同組合のようになっていると思います。総会でも、屋根オーナーさんやパネルオーナーさんたちから「困ったことがあれば教えてほしい」といわれ、一緒に課題を解決しようという風土になっています。

――今後、どのように展開しようと考えていますか。

藤川：特に「再エネを増やすこと＝地域の未来づくり」という共感を行政や地元企業、住民の皆さんに広げていきたいです。再エネは必要だと多くの人が思っています。でも、なくてもすぐには困りません。人口が減って、これまで通りでは持続が難しい地域を支えるために地域主導の再エネは必須であることを数字や先進事例を示し、「なるほど！　やらなくては‼」という共感の輪を広げていくべく、活動しています。丁寧にコミュニケーションをして具体的な事業提案も進めていきます。

合原：人口減少が進むなか、地域経済を活性化させる方策として、再エネは重要になると考えています。上田市には6万7000世帯あって、単純計算すると電気代の合計が約63億円になります。10kW未満の住宅用太陽光発電パネルが、5700世帯（24・7MW）に設置されていて、いずれも単純計算で電気代の削減が2・7億円、売電収益が7・8億円になります。つまり、電気代として域外に流出していたうちの16・6％を削減したことになり、その削減分10・5億円が何らかのかたちで、地域で消費や投資に回っていることになります。同じように、10kW以上の太陽光発電での売電収益が、年間約23億円あります。地域経済にとって軽視できない規模です。

――上田市民エネルギーは、ソーラーシェアリングにも積極的ですね。ソーラーシェアリングの研究設備は、どのようなきっかけで設置したのですか。

合原：私は会社経営のかたわら、農業を営んでいます。農業をやっていると、このままでは継続できないとの危機感を抱いてしまいます。2013年度末に、農林水産省がソーラーシェアリングに関する通達を出しました。農業で一定以上の収穫を得ることを条件に、農地での発電を認めたものです。それを受けて、経済産業省の補助金を得て、自らの畑で研究設備をつくりました。太陽追尾型のソーラーシェアリングです。

データから分かったことは、ソーラーシェアリングはペイするけれども、まだコスト的に高いということでした。何年も農業をやっていると、途中で作付作物が変わることもあります。そうしたことを踏まえると、角度可変型で効率を高めるとともに、汎用品を活用することでコストを抑えることが重要になると考えています。

藤川：いずれ「相乗りくん」の仕組みを活用して、ソーラーシェアリングを行いたいのです。農地を貸してくれる農家に対し、年間で約6万円の賃料を払える計算になります。

——エネルギーに関する市民への啓発活動にも熱心ですね。どのようなことに取り組まれていますか。

藤川：2016年の秋に「まちで一番古い冷蔵庫コンテスト」を実施しました。村上敦さんの講演を2年前に聞き、講演のなかで提案されていたので、やってみようと思いました。もっとも古い冷蔵庫を応募してくれた方に、新品の冷蔵庫をプレゼントして交換してもらうというイベント

です。104通の応募があり、優勝者は52年前製造の冷蔵庫を使っている方でした。冷蔵庫の大きさにもよりますが、15年前と比べて、今の冷蔵庫は半分くらいの電気代で済み、それだけ省エネになります。反響が大きく、メディアにも取り上げられ、キャンペーンとして成功しました。

——今後の活動や全国の地域エネルギー事業者との連携について、どう考えていますか。

藤川：「相乗りくん」を広げていくことはもちろん、ソーラーシェアリングや木質バイオマスの利用も進めたいと考えています。ちょうど上田市庁舎の改築が決定し、私が検討委員になったので、市庁舎の断熱化と省エネ化も促進したいです。上田市民エネルギーで建物の勉強会を開催し、市の議員や職員にも出席してもらい、認識共有を進めています。

また、ご当地エネルギー協会など、全国各地の市民・地域発電のネットワークに参加しています。市民電力系、ソーラーシェアリング系、最近は省エネ活動の方々ともつながっています。活動のスタイルは少しずつ違いますが、課題や悩みは共通しているものが多く、相談すると積極的に情報提供してくれたり、私たちも経験をシェアしたり、とてもよき仲間たちが全国各地にいます。シンポジウムなどで集合するとまるで同窓会のような気持ちになります。このネットワークを大切にして、上田市民エネルギーの活動をさらに発展させていきたいと考えています。

産官学民の連携による再エネ普及で信州を元気にする

一般社団法人自然エネルギー信州ネット　小田切奈々子　理事

小田切さんは、信州ネットのメンバーとして活動されると同時に、自然エネルギー信州ネットの理事として、鬼無里《きなさ》での地域太陽光発電所の設置に取り組んできました。

――長野市鬼無里地区（旧鬼無里村）での太陽光発電（本書カバー折り返し写真参照）について、教えてください。

鬼無里は、2005年に長野市と合併した、山あいの地域です。面積の約9割が山林で、現在は約1200人が居住しています。1950年には約6200人が暮らしていましたので、ここ50年間で人口が急減したことになります。65歳以上の人口が51%と、高齢化も進んでいます。

鬼無里を活性化したいと、住民たちが「NPO法人まめってぇ鬼無里」という団体をつくって活動しています。「まめってぇ」というのは、方言で「元気」という意味です。自然エネルギー信州パートナーズ（筆者注：当時の名称。以下、パートナーズ）は、この「まめってぇ」と一緒に、太陽光発電パネルの設置に取り組みました。

図表6　自然エネルギー信州ネットの小田切さん

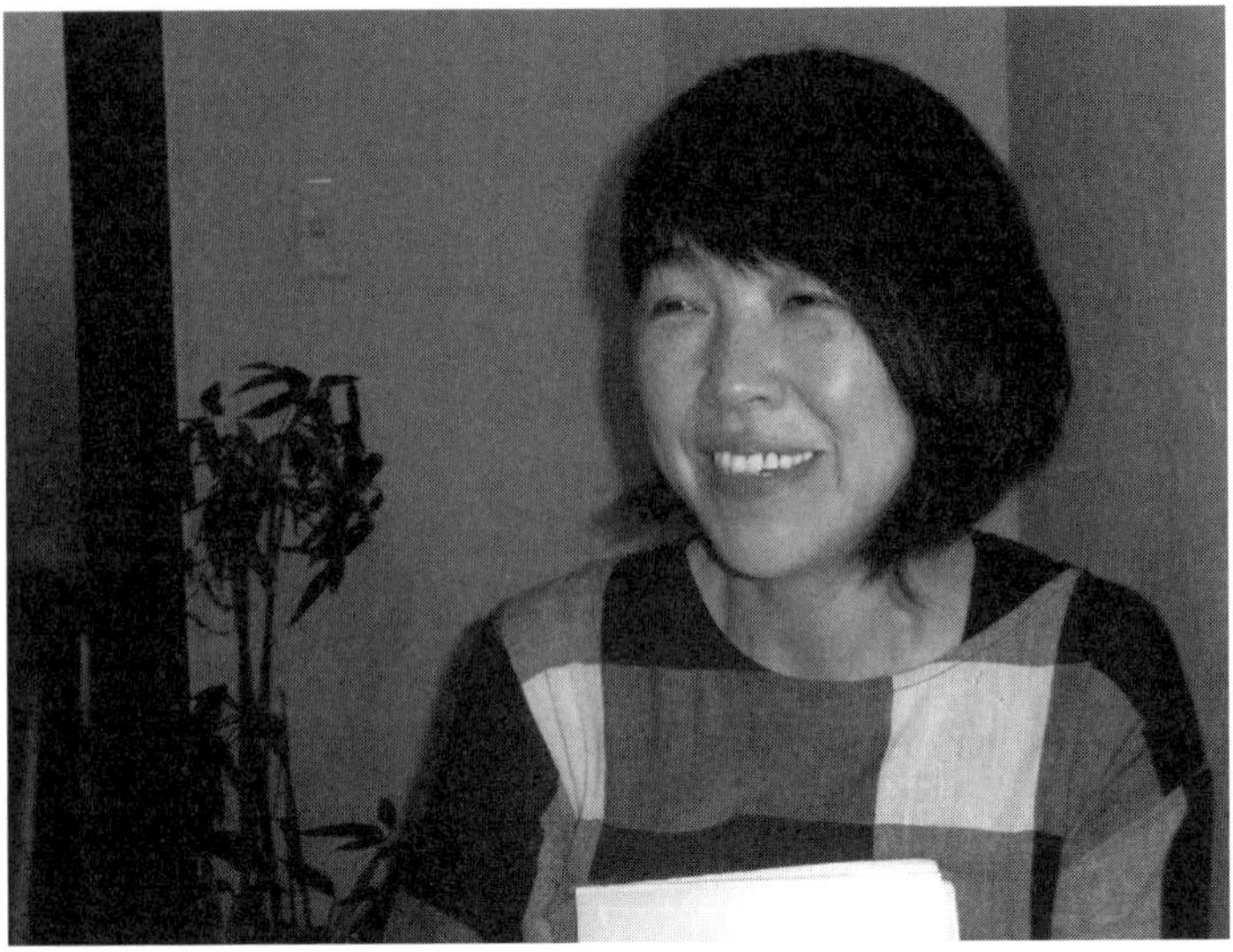

荒れて農地に復活できない土地を再活用した、42・5kWの太陽光発電所です。2015年6月に完成しました。20年間の全量売電です。総事業費1300万円で、全額を市民出資「信濃の国おひさまファンド」で賄いました。出資には、原亮弘さんの「おひさまエネルギーファンド株式会社」が協力してくれました。

――地域発電では、しばしば紆余曲折ありますが、この事業はいかがでしたか。

完成までに、多くの苦労がありました。もっとも苦労したのは、事業費です。鬼無里は豪雪地帯で、通常の架台では雪の重みで潰れてしまいます。でも架台を強固にすれば、建設費が割高になります。

冬の発電も、雪がパネルに積もってしまうため、期待できません。除雪しようとすれば、コストがかかります。かといって、冬の発電がなければ、収入は減少します。どうやっても事業が成り立たず、計画はいったん白紙になりました。

悩んでいたとき、地元の方たちと議論しました。そのなかで、逆転の発想が生まれました。それまでの「豪雪に耐える堅牢な設計」でなく、傾斜をつけて「雪を落とす設計」にするアイデアが出てきました（図表7）。そうすれば、コストの低い単管パイプで架台を設置できます。鬼無里には土木、建築、造園に携わった、元気なベテラン職人が何人もいますので、皆さんの協力で造成や架台も設置し、コストを下げました（図表8）。雪かきも、皆さんの協力で行うことにしました。

それで、改めて試算したところ、パネルの傾斜が40度ときついため、夏の発電は不利ですが、冬も発電できることが分かりました。結果的に、年間を通じて発電できています。それどころか、冬は雪面の反射があるためか、瞬間発電量の最高値は2月に記録しています。夏の草刈りは、ヤギをレンタルして、草を食べてもらっています。これも山あいの集落だからこそです。

現在は、年間約１８０万円の売電収入を見込み、発電も出資者への返済も順調です。ほとんど利益は残りませんが、地域の「エネルギー自給のシンボル」になっています。

――住民の反応はいかがですか。

図表7　パネル斜度40度の耐雪試験

（提供：自然エネルギー信州ネット）

図表8　事業者と地域住民が協力してパネルを取り付け

（提供：自然エネルギー信州ネット）

事業を始める前は、皆さん無理だと言っていたのですが、完成した後は、温かく見守ってくださっています。ヤギが敷地の外に出てしまうと、「ヤギが外に出てるよ」と知らせてくれます。「おらが発電所」という雰囲気になり、自信につながったと思います。ゆっくりかもしれませんが、地域は一歩一歩進んでいます。

また、多くの視察が来ることも、地域にとっては驚きのようです。先日も、大学生が大勢訪れてくれました。夏は「ヤギに会える発電所」として、鬼無里の外の人たちにも知られるようになりました。多少ですが、視察費も受けて、活動の元手にしたいです。

――話は変わりますが、信州ネットの状況について教えてください。

信州ネットは2011年7月、市民団体、地域企業、大学、行政等が再エネの普及啓発と事業化の促進に連携して取り組むため、発足しました。発足総会には阿部知事も出席しました。現在の会員は約350名です。当初は、各地で協議会をつくり、意見交換や事業化の検討をしてきました。そのなかで、2013年10月、会員有志で事業化のために生まれたのが、パートナーズです。パートナーズは、鬼無里で自ら発電事業を進めるとともに、信州ネットの事務局を担ってきました。

それが、本年度（2017年度）に大きな転機を迎えました。パートナーズの名称を変更し、

「一般社団法人自然エネルギー信州ネット」と、信州ネットと同じ名称にしました。形式的には、任意団体の信州ネットと、法人団体の信州ネットが併存しているのですが、役員を兼務することにし、意思決定を同じにしました。任意団体には行政や企業が緩やかに参加しやすいというメリットがあり、法人団体には具体的な事業を行いやすいというメリットがあり、それらを両立させるためです。実質的に、法人団体が任意団体の事業部門の役割を果たします。

――信州ネットは「飯田自然エネルギー大学」と連携して、知見の普及や人材育成に取り組んでいますね。

昨年度（2016年度）、公開セミナーと2回のフィールドセミナーを開催しました。「飯田自然エネルギー大学」では、既に事業化に向けて取り組んでいる人たちをトレーニングしていますが、私たちのセミナーは、事業化に関心のある人を増やすことが目的です。おひさま進歩エネルギーさんから、再委託を受けて実施しています。

公開セミナーは座学で、フィールドセミナーは現場に出かけます。フィールドセミナーは鬼無里で薪ボイラーをテーマに実施したり、上田で太陽光をテーマに実施したりしました。現場の人たちから、その場で説明を聞き、質問ができるので、好評でした。今後も実施していく予定です。間口を広げ、再エネに関心を持つ人を増やしていくことが、役割です。エネルギーありきで行うと、どうしても間口が狭くなってしまうので、食や教育のように、地域の課題解決をエネルギーで行うという視点で、参加を呼びかけています。そうすると、地域おこし協力隊員のように、地域活動に関係する人が参加してくれるようになりました。

――行政とも連携していますが、行政についてどのように思いますか。

間近で見ていると、県をはじめとする行政の取組みは見えるのですが、残念ながら、多くの県民にはそこがあまり伝わっていないようです。福島原発事故の直後に比べ、再エネに関する行政の動きや考え方が、どうしてもメディアで報じられにくいため、行政が再エネに関心を失っていると誤解されているようです。そうでないと知っているだけに、心配してしまいます。

――小田切さんは「全国ご当地エネルギー協会」の幹事もされています。全国との連携は、どうですか。

――皆さん、苦労をともにする仲間たちです。地域エネルギー事業は汗をかかなければできません。お互い汗をかいた仲間たちなので、相談に乗ってもらったり、協力し合ったりする間柄です。人材育成の公開セミナーでも、株式会社宝塚すみれ発電の井上保子さん（同社代表取締役）と、おらって市民エネルギー株式会社の横木将人さん（同社代表取締役）に講師で来ていただき、信州の皆さんに元気を注入してもらいました。

――今後の展望はどうですか。

新体制になり、信州ネットは新しい活動フェーズに入りました。未利用エネルギーの活用など、さらに面白いことに取り組んでいきたいです。私たちは、地域に軸足を置いている団体です。単に再エネを広めるのではなく、地域で再エネを活かすことを、鬼無里での経験を踏まえて進めていきます。ちなみに、鬼無里での経験は、県の協力を得て「地域が主役の自然エネルギー事業にチャレンジしました！」というタイトルで、事業化の手引として、冊子にまとめました。成功も失敗も、包み隠さず整理しました。こうやって、多くの方々に知見を提供し、信州で再エネに取り組む人を増やしていきたいですね。

第2章　中小企業の担い手

地域に密着した中小企業も、信州エネルギーシフトの重要な担い手です。中小企業は、雇用を守り、地域課題にビジネスから関与し、地域と運命を共にする存在だからです。中小企業が、収益を上げつつ、再エネを普及していけば、地域の持続可能性は高まります。

ここでは、太陽光発電やエネルギー事業に取り組む3者のインタビューを紹介します。まず、太陽熱利用システムの開発を先導した「株式会社サンジュニア」です。次に、太陽光発電の卸事業を展開する「鈴与マタイ株式会社」です。そして、県とともにプロジェクトに取り組んでいる「岡谷酸素株式会社」です。いずれも信州ネットに参画しています。

アフターフォローを重視する地域密着型の太陽エネルギー企業

株式会社サンジュニア　西原秀次　取締役会長、西原弘樹　代表取締役社長

サンジュニアは、長野県を拠点に、太陽光発電や太陽熱利用システムの設置を手がける企業です。設立以来、一貫して太陽エネルギーにこだわってきました。関東に進出する一方、長野県内での地域連携を重視しています。

――太陽エネルギー事業は、いつ頃から始めたのでしょうか。

会長：太陽エネルギーに関心を持ったのは、1973年のオイルショックがきっかけです。学校を卒業する頃で、無限の太陽エネルギーを使えば、こうした問題が起きないのでは、と考えました。そして、第二次オイルショックを受けて、具体的に太陽エネルギーを活用する事業を考え始めました。当時、既に自然循環の太陽熱温水器（水を屋根のパネルに汲み上げて温め、風呂に利用するシステム）は存在していたのですが、長野県では冬に凍ってしまい、使えなくなるのです。

1981年に創業し、太陽熱温水器を改良した商品を開発しました。それまでの温水器が水を温めるのに対し、不凍液を温めて熱交換するシステムを開発したのです。現在の太陽熱システム

図表１　サンジュニアの西原会長（左）と西原社長

の原型です。１９８３年に農協と取引を始めたところ、農業との相性がいいのか、農家の間で爆発的に広がりました。かつての温水器は、風呂にしか使えませんでしたが、当社のシステムは、風呂だけでなく台所の給湯も可能でした。当時は、ボイラーとシャワーのない農家が多く、農家でリフォームするときに、一緒に導入してもらえました。

――随分と早い段階で太陽エネルギーに着目しましたね。

会長：思い出してみれば、昔、父が太陽熱温水器を自作していました。ガラスを黒く塗り、水を温めてお湯にする装置です。でも、やはり冬は使えなかったんですね、信州は寒いですから。それをずっと覚えていて、改良することを思い立ったのかもしれません。長野県出身だからこそですね。

――創業から35年以上、経ちました。現在の事業の状況はいかがでしょうか。

社長：２０１２年にＦＩＴが始まり、それから2年間、太陽光発電の事業が急速に伸びました。多い月では、１６０件、約３０００kWを設置したこともあります。現在はピークの半分くらいでしょうか。これからＦＩＴに頼らない太陽光発電が増えていくと見ています。今は、その移行期間だと考えています。

このような変化を踏まえ、私たち設置事業者も、事業内容をシフトさせていくべきと考えています。これからはメンテナンスや維持管理などのサポートに重点を置きたいです。他の設置事業者によるパネルであっても、当社でサポートを引き継げるようにし、地域の太陽光発電を総合的にサポートできる体制を構築したいです。

それは、太陽熱温水器での教訓でもあるのです。当時、一部の事業者が、保守点検や修理などのサポートをおろそかにしたため、業界全体が影響を受け、人気が衰退しました。同じ轍を踏まないためにも、太陽光発電のサポートに力を入れたいのです。

当社自ら、発電事業も行っています。公共施設等の屋根を借りて、売電事業を行っています。これには、2つの意味があります。一つは、屋根の賃借料を払うことを通じて、地域に利益を還元すること。もう一つは、当社の経営基盤の強化につなげ、地域での雇用を維持することです。２０１７年現在、社員は約１４０名います。

――サンジュニアの事業は、どこに特徴がありますか。

社長：太陽熱システムについては、凍結しないことです。寒冷地では、冬にこそふんだんにお湯を必要とするのに、凍結して使えないのでは困ってしまいます。また、独自に熱量計を開発し、温水を使った分だけ販売するという事業も行っています。業界初の取組みです。太陽熱システムは、とても効率のいい設備で、標準的な家庭では給湯用燃料を約8割も削減できます。より詳細なデータを収集して、見える化を進め、普及に向けて有効に活用したいです。

太陽光発電では、すべての20kW以上の設備に遠隔監視システムを備えていることが特徴です。現在、約800件のサイトを遠隔監視しています。モジュールの汚れや破損も発見できます。お客さんには、発電の10年保証をしていますので、アフターフォローもしっかりやります。年に一度は目視でも確認しています。ここまでアフターフォローをしっかり行っているところは少ないのでは、と自負しています。

――お客さんの反応はいかがでしょうか。

社長：ありがたいことに、かつて太陽熱システムを導入してくれた多くのお客さんが、太陽光発電も導入してくれました。こんな声をいただいています。いくつか紹介しましょう。

・天気が良い日は一日中、発電量を見てしまいます。昼間の節電も心がけるようになりました。
・とにかく発電量が気になり、1か月ごとの集計もとるようにしました。
・太陽熱の床暖房で、冬でも暖房を使わずに過ごすことができます。
・定期的な保守点検をしてもらっているので、たいへんにありがたいです。
・消費増税や燃料価格の高騰もありますが、太陽エネルギーの利用で影響を受けにくく、嬉しいです。

――須坂《すざか》市立相森《おおもり》中学校には2012年、サンジュニアが中心となって、県内初の公共施設の屋根借り太陽光発電所が設置されました。市民の反応はいかがですか。

会長：当社では、以前から地域貢献の一環として、プールシャワーに太陽熱システム（図表2）を設置していました。現在、須坂エリアを中心に15校に設置しています。夏といっても、北信地域は涼しいですから、プール授業の前後の温水シャワーは子どもたちに喜ばれています。それで、地域の子どもたちは当社のことを知ってくれます。そうした地域との信頼関係の延長で、須坂市や地域の方たちと協議会を設けて意見交換するなかで、地元の中学校の屋根に太陽光発電を設置しました（図表3）。蓄電池を付けて、災害時に電気を使えるようにもしました。嬉しいのは、子どもや保護者の方たちから感謝されることです。そして、もっと嬉しいのは、そうやって当社

図表２　須坂エリア中心の 15 校に設置されたプールシャワー用の太陽熱システム

（提供：サンジュニア）

図表３　須坂市立相森中学校
県内初の公共施設の屋根借り太陽光発電所です。

（提供：サンジュニア）

のことを知った若者が、当社に就職し、社員になってくれていることです。

――行政の政策に対して意見はありますか。

会長：ＦＩＴは成功したと思います。といっても、まだまだ普及の余地はあります。長野県でも7％程度の普及にすぎません。蓄電池やデマンドシステムとの連動もこれからの課題です。そこに焦点を当てた政策で、加速できると思います。県や市町村にお願いしたいのは、タテ割りの解消です。公共施設の屋根を借りるときなどに、どうしても感じてしまいます。

――今後の太陽エネルギー事業の展望は、どうでしょうか。

社長：ＦＩＴの後をしっかりと見据えていきたいと考えています。地産地消を進めていくならば、メンテナンスは重要になります。発電と太陽熱の組み合わせも提案したいですね。建物のリフォームも含め、暮らしに合わせたエネルギーを総合的に提案していきたいと考えています。

そして、最終的には、地域密着型で地域のエネルギーシステムをトータルに提案できるようになりたいです。なぜならば、当社の基本は地域にあるからです。地域に根差し、暮らしに根差して、住民や事業所と深い関係を築ける会社にしたいと考えています。

国内外主要メーカーすべてを扱う太陽光発電パネル卸の先駆者

鈴与マタイ株式会社　加藤三喜夫 取締役

鈴与マタイは、様々なメーカーの太陽光発電パネルを扱う卸事業をしています。社屋の屋根に8社のパネルを乗せ、発電状況を公開したり、多様な環境技術を導入した社屋を建てたりと、チャレンジ精神にあふれた企業です。

――太陽光発電の販売事業は、いつ頃から取り組んでいますか。

1994年、国が住宅用太陽光発電に補助金を初めて出した年から取り組んでいます。当時は「新興マタイ」という社名で、重量物向けのクラフト紙袋を製造・販売するのが本業で、今でもその事業を行っています。社名は、新しいことにどんどんとチャレンジしようということで付けられました。そこで、商事事業部が太陽光発電の存在を知り、それを扱うことにしました。ただ、当時は、特定メーカーのものだけを扱う特約店形式が主流で、複数メーカーのパネルを同時に扱いたいという当社の方針は、なかなか理解されませんでした。それでも、京セラさんが最初に理解を示してくださり、事業を始めることができました。

図表４　鈴与マタイの加藤さん

（提供：鈴与マタイ）

苦労したのは、事業を始めてから10年間、ずっと赤字だったことです。それでも止めなかったのは、創業者の考え方に基づきます。当社の主力商品であるクラフト紙袋は、バージンパルプを使わざるを得ず、環境に負荷のある事業です。そのため、創業者は、地球環境に貢献したいと考え、太陽光事業を赤字でも続けてきました。今は、成長分野になっています。

――事業の状況はいかがでしょうか。

事業を始めた１９９４年当初は、住宅向けの小売をしていました。その頃はずっと伸び悩んでいました。２００２年から卸売業を始め、業績が伸び始めました。２００６年に国の補助金が終了し、いったん売上が減少しましたが、2009年の余剰買取で急激に伸び、2012年のFITの開始でさらに産業向けの売上が伸びました。

最近は、売上全体が減少していますが、それよりも住宅用太陽光発電の割合減少に危機感を抱いています。かつての住宅用は、既存の建物に付けるものが多かったのですが、2014年頃からは新築への設置が増えて逆転しています。

2017年現在、会社全体で従業員は約160名。環境エネルギー事業部は40名です。2011年に鈴与グループ入りし、2016年に社名を「鈴与マタイ」に変更しました。以前、事業が急速に拡大したときには、鈴与から応援社員が派遣されていましたが、今は派遣されていません。

太陽光事業のアピールポイントはどこでしょうか。

1994年から約22年間にわたる経験と、延べ3万2000件の販売実績です。これまで販売した太陽光パネルを合計すると、280MWに達します。経験と実績から分かってきたのは、営業よりも支援が重要だということです。売ることも大切ですが、アフターフォローはもっと大切です。それが信頼関係を構築します。

これまでの試行錯誤も、役立っています。太陽光パネルが売れなかったときから、各社のパネルを研究棟の屋根に並べて、各メーカーの実績を比較しています（図表5）。販売当初は、そもそも太陽光発電のメカニズムから説明することも多く、環境教育にも取り組んできました。そうした様々な試行錯誤のなかで、電材商社や建材商社、家電量販店、住宅メーカーなどにも飛び込みで売りに行き、結果として販売チャネルが拡大しました。

――販売先の反応はいかがでしょうか。

営業の重要な仕事の一つが、お客さんへの情報提供です。当社は卸事業なので、お客さんは小売販売の会社になります。再エネに関する制度や状況、施工方法はしばしば変化するので、お客の小売販売会社さんが、結果として誤った情報を購入者に伝えることがないよう、専門企業として毎週のように情報を提供しています。その点が、お客さんに評価されていると思います。

――社屋には、様々な環境先進技術を取り入れていますね。

研究棟の屋根には、8社の太陽光発電パネルがほぼ同条件で設置されています。発電の状況は、研究棟の道路に面した個所に掲示板を立て、それぞれの発電量と累積発電量を示しています。計画から設置まで1年半くらいかかりました。当時は、8社のパネルを同時に系統連系することが認められておらず、電力会社に交渉しました。電力会社は相当、苦労したようですが、最終的に

図表５　８社の太陽光発電パネルが設置されている研究棟の屋根

（提供：鈴与マタイ）

図表６　環境技術を導入している社屋
主な導入技術は「太陽光発電パネル」「太陽熱利用システム」「EV 充電器」「ヒートアイランド防止路面」「外付ブラインド」「LED 照明」「ペアガラス」「断熱材」「床吹き出し空調」「無電源自動ドア」「蓄電システム」「雨水利用」等。

（提供：鈴与マタイ）

は技術的問題をクリアし、認めていただきました。

社屋は、様々な環境技術を導入し、2012年に完成しました（図表6）。建設費用は2億4000万円くらいかかり、そのうち約5000万円が環境設備です。電気代は、月々10万円程度で、同規模のオフィスの半分以下だと思います。様々な設備のなかで、スタッフに評判がいいのは、外付ブラインド、ペアガラス、床下からの空調など、温熱環境の設備です。冬場は、気密性が優れすぎているせいか、湿度が低くなるため、加湿器を入れるくらいです。逆に、結露は一切ありません。

——行政の政策に対して意見はありますか。

今から思えば、FITでの当初の太陽光買取価格は、高すぎたかもしれません。細く長く、需要を喚起する方法もあり得たと思います。一方で、現在の急速な価格低下は、当初の高い価格で需要喚起されたからでもあって、難しいですね。小水力発電については、まだ規制が厳しいように思います。もう少し柔軟になれば、取り組む人が一層増えるのではないでしょうか。

——今後の展望は、どのようにお考えでしょうか。

平置きの産業用太陽光発電は、需要が頭打ちになってくると見ていますが、屋根置きについては、今後も可能性があると見ています。太陽光パネルが設置されていない屋根は、まだまだあります。だんだん設置コストも下がっていますので、建物の屋根に設置し、自家消費することが増えてくると考えています。そうした設置を、さらに進めたいと考えています。

信州の総合エネルギー企業として発展を目指す

岡谷酸素株式会社　嶋田克彦　総務課課長、藤岡史和　企画室係長

岡谷酸素は、長野県内でLPガスや工業用ガス、医療用ガスを供給する総合ガス企業である一方、太陽光発電システムを販売し、長野県と連携してメガソーラーの運営にも取り組んでいます。

——長野県、信州ネットと連携して、諏訪湖に隣接する豊田終末処理場「クリーンレイク諏訪」の屋根を借りたメガソーラー事業に取り組んでいます。社内外の反応はいかがでしょうか。

嶋田：県の公募を受けて、地域と連携するメガソーラー事業を提案して採択され、2013年11月から発電を開始しています。規模は約1MWで、近接する地元施設の屋根にも小規模の太陽光発

図表７　岡谷酸素の嶋田さん（右）と藤岡さん

図表８　SUWACO Labo
諏訪湖湖畔の下水処理施設の屋根を太陽光発電所として活用しています。

（提供：岡谷酸素）

電システムを設置しました。岡谷酸素太陽光発電所「SUWACO Labo」（図表8）という愛称で運営しています。事業情報を公開するとともに、収益の一部を信州ネットで活用してもらい、再エネの普及にも役立てています。専用ホームページを設けて、発電状況をリアルタイムで知らせるとともに、子どもたちの環境教育の場としても積極的に活用してもらっています。

地域経済への効果も意識しました。県と協議を重ねながら、設置事業者はもちろんのこと、資金を調達する金融機関に至るまで、県内事業者にこだわりました。その結果、初期投資と運営経費の全体のうち、約8割を県内事業者に発注することができました。

社内外からは、この事業に大きな反応がありました。当社は、ガスの専門企業というイメージが強く、その当社が太陽光に取り組むということは、相当なインパクトがあったようです。お客さんからは屋根を借りて発電してほしいとの声もありました。当社の強みは、1932年の創業以来、ずっと長野県でガス事業に取り組み、お客さんと顔の見える関係を構築していることです。ちょうどFITで太陽光発電がブームになっていましたが、お客さんからは「知らない企業に頼むより、岡谷酸素に頼みたい」という声を随分といただきました。当社が太陽光事業を手がけているということを知っていただく効果が、「SUWACO Labo」にはありました。

――岡谷酸素の太陽光事業には、どのような特徴がありますか。

嶋田：どうしても、太陽光発電システムの販売では値段を重視されやすい面があります。ただ、当社にはこれまで培った地元での信頼関係があるため、同じくらいの値段であれば、当社を選びたいとお客さんからいわれます。これは、これまでのガス事業の経験をお客さんが評価してくださっているからだと思います。

ガス事業は、売って終わりではありません。むしろ販売がスタートで、ガスの補充や保安点検など、長期間にわたってお付き合いをします。ガスは取扱い方が悪いと危険が生じたりもしますので、当社からお客さんに厳しいことを言ったりもします。そうした保安については、おろそかにできませんし、していないという自負があります。それが、お客さんからの信頼にもつながっています。

そうやって培ってきた強い信頼関係があるのに、太陽光でいい加減なことをしてしまったら、すべて台無しです。ですので、太陽光も、ガスと同じく、技術力を高め、販売後のアフターフォローを丁寧に行っています。それが、当社の事業の特徴だと思います。

——家庭の省エネについても、長野県と連携してサポート事業を行われていますね。

藤岡：2013年から県の認定を受けて「家庭の省エネサポート事業」に取り組んでいます。家庭を訪問する社員にあらかじめ県の省エネ研修を受けてもらい、LPガスを保安点検する際、家

図表9　家庭の省エネアドバイスの様子
岡谷酸素の社員は、家庭の省エネサポートアドバイザーも兼ねています。

（提供：岡谷酸素）

庭の方に簡単な省エネアドバイスをしています（図表9）。当社が訪問している件数は、月間500件くらいです。省エネパンフレットを渡しながら、省エネについてお話をしています。アドバイスを受けた方からは「やってみようかな」という声をいただいています。一方、アンケートに回答していただければ、より具体的な省エネ診断をできるのですが、そこまで依頼される方は少ないです。ちょっとした省エネだと、光熱費が劇的に下がるわけでもないので、お客さんのモチベーションにかかっているところはあります。

——どちらの事業でも共通して感じるのは、地域との関係を重視していることです。

嶋田：当社には、地域を重視する社風があると思います。当社の名前には「岡谷酸素」と創業地の岡谷市の地名が入っています。社長も創業地に住み続け、御柱祭など地域の行事に会社ぐるみで参加しています。当社のイメージが地域のイメージにもつながるので、自然と地域を重視する雰囲気が社内にあります。

また、地元出身者を積極的に社員に採用しています。例えば、長野市の営業所では、長野市民を採用するわけです。そうやって、地域に溶け込む人事も心がけています。そうしたことが重なって、地域との信頼関係を大切にする社風になっています。

――行政の政策に対して意見はありますか。

嶋田：一部では再エネへの関心も高まっていると思うのですが、県民全体で見るとまだまだの面もあるように思います。県民に広くメッセージが浸透していくといいですね。

――今後の展望は、どのように考えていますか。

藤岡：再エネが普及する一方で、地域の人口は減少していきます。そうなると、省力化と省エネがさらに大きな課題になってくると見ています。エネルギーを限られた資源として有効に活用すること、そして新しい技術や使い方について、アンテナを高くしてお客さんに提案していくことが、当社のこれからの使命だと考えています。ガスも電気も取り扱う、総合的なエネルギー商社として、地域のお客さんと一緒に成長したいと考えています。

第3章　建物エネルギー性能の担い手

建物のエネルギー性能を高める重要な担い手は、建築事業者です。建物のエネルギー性能を決めるのは施主ですが、専門的な知見に乏しいことが多く、専門家である建築事業者の情報提供が重要になるためです。

ここでは、エネルギー性能の高い建物の普及に取り組む3者のインタビューを紹介します。まず、独自工法による高断熱・高気密住宅を提供する「北信商建株式会社」です。次に、欧州の工法を徹底的に学んで実践する「株式会社ヴァルト」です。そして、超断熱木製サッシの開発に取り組んでいる「有限会社和建築設計事務所」です。共通するのは、高断熱・高気密の建物の重要性に対する理解と高い技術レベルです。

高断熱・高気密住宅を県内全域で提供する

北信商建株式会社　相澤英晴　代表取締役社長

北信商建は「ホクシンハウス」のブランド名で、高断熱・高気密の新築住宅を供給しています。床下に設置した家庭用のエアコン1台で、年間を通じて全館の冷暖房を賄う独自の「FB工法」を開発するなど、技術開発に力を入れています。

――高断熱・高気密住宅は、いつ頃から提供されているのでしょうか。

創業は1978年です。当初から品質の高い住宅を提供しているつもりでしたが、1985年頃、お客さんから「室内が結露した」とのクレームをいただきました。それで、その結露をどうしたら防げるのか、随分と勉強したのですが、結局、建てた後ではどうにもできないと分かりました。そのことに罪悪感を覚えてしまい、高断熱・高気密住宅の研究にのめり込みました。様々な手法を試行錯誤し、実験用の住宅も建てて、1988年くらいに今の工法の原型ができました。お客さんから注文された住宅に、会社の費用で新技術を加えるなど、実装と試験を繰り返し、今の工法に発展していきました（図表2）。

図表１　ホクシンハウスの相澤さん

図表２　高断熱・高気密住宅研究の成果であるホクシンハウスの住宅

（提供：北信商建）

また、当時は「すき間風のある家の方がいい」と、住宅の気密性についての認識が低く、アメリカ、カナダ、ドイツ、スウェーデンなどの海外に、社員や職人を全員、冬に連れて行き、気密性への理解を社内全体で深めました。それが、社員や職人たちのレベルや意欲のアップにつながりました。

――事業の状況はいかがでしょうか。

受注件数は年間160~170棟くらいで、売上は50億円超です。昭和の終わり頃から高断熱・高気密住宅の流れはあったのですが、2000年代からローコスト住宅やデザイナーズハウスなど、流れが多様化してきたようです。そこで当社では、無暖房住宅の研究・提供に取り組み、イニシャルコスト（建築費）とランニングコスト（光熱費）のトータルで提案することを目指しました。そうはいっても、お客さんはイニシャルコストを重視するので、注文住宅だけでなく、高断熱・高気密であってもコストを抑えた住宅も提供するようにしています。

現在のスタッフは約100人です。最近は、女性のお客さんを従業員として雇用するよう努めています。当社の住宅の良さを実際に住んで理解しているスタッフと、女性の働きやすい社内環境を両立しようとしています。このようなスタッフは十数人います。

図表３　断熱仕様別の年間冷暖房費シミュレーション
冬期は１か月４万円以上の暖房費節約も可能。

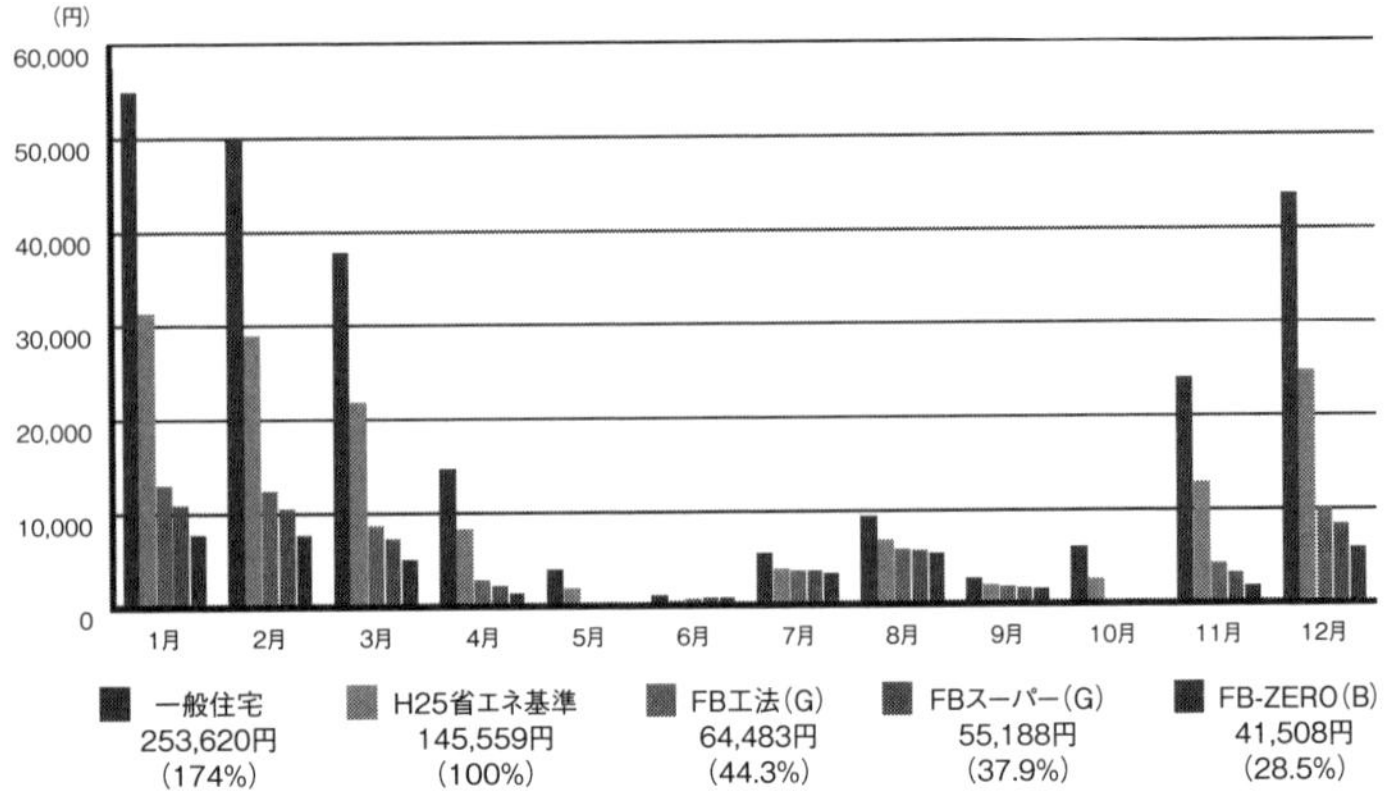

（提供：北信商建）

――住宅の特徴は何でしょうか。

住んで初めて良さを実感してもらえることですね。ですので、実際に住んでいるお客さんの家で、お客さんに体験談を話していただく見学会を実施しています。それも、少なくとも1か月は住んでいただいてから、話していただきます。この見学会、実はお客さんからの提案で実現したんです。

データにもこだわっています。県の条例で義務化されていますが、断熱仕様別の年間冷暖房費シミュレーションを、建てる前に説明しています（図表3）。冬の暖房費は、一般的なグレードでも、「平成25年省エネ基準」の半分以下です。快適に暮らせる省エネ性能が評価され、「ハウス・オブ・ザ・イヤー・イン・エナジー2016」で大賞を受賞しました。

また、施工不良が起きると、設計時の性能が確保されません。それを防ぐため、建てた後に「気密測定」「熱損失係数計算」「換気風量測定」を行い、質を確保しています。

――居住者の反応はいかがでしょうか。

こんなことがありました。女性学の第一人者である田嶋陽子先生が、当社にご依頼くださり、軽井沢で高断熱・高気密の住宅を建てました。軽井沢は、雪はそれほど降りませんが、信州でも一、二を争うくらい、寒いところです。しばらくは、とても暖かいと喜んでいただいていたのですが、真冬のある日、お電話をいただきました。「今朝は朝から肌寒いが、住宅に何かあったのではないか」ということで、駆け付けてみると、床下のエアコンが止まっていました。どうやら1週間前に停電があり、それからずっとエアコンが止まっていたようなのです。田嶋先生に謝罪すると「氷点下の軽井沢で1週間も暖房が止まっていたのに、この程度で済むなんて！」と、逆に驚かれてしまいました。

また、当社の住宅の暖かさと光熱費の低さに驚いたお客さんが、グループホームの建築を当社に依頼してきました。多くのグループホームは、靴を履いて生活するため、入居する高齢者が水虫に悩まされることが多いんだそうです。そこで、靴を履かずにのびのび暮らしてもらいたいと、当社にご依頼いただきました。千曲《ちくま》市にある「森と人と」というサービス付高齢者向け住宅です。「廊下もお風呂も食堂も上履きがなくても暖かい」と、敷地に当社ののぼり旗を立ててアピールしてくださるほど、喜んでいただいています。

——どのような技術開発に取り組んでいますか。

当社独自のＦＢ工法を進化させるため、技術開発に取り組んでいます。床下のエアコン１台で、家じゅうどこでも均一な暖かさと涼しさを保てることが特徴です。壁面からの輻射熱による室温なので、室温のムラやエアコンの風といった不快感がありません。コストと性能のバランスが難しいのですが、当社としてはＦＢ工法の高断熱・高気密の住宅しか建てないことにしています。

人材も重要だと考えています。あるとき、信州大学建築学科の先生から住宅の依頼を受け、先生の研究室で継続的にデータを取ることになりました。そうしたところ、先生が性能の高さに驚き、研究室の優秀な学生を紹介してくれました。今では、入社したその彼が研究開発の中心を担っています。長野県中野市に「開発研究棟」を建て、様々な試験と実証も行っています。

——行政の政策に対して意見はありますか。

地域の木材を使いたいのですが、コストの関係からなかなか難しいのが現状です。とはいえ、補助金を望んではいません。補助金ありきの林業や間伐して切りっぱなしの林業から、自立した林業に転換し、安価で良質な木材を安定的に供給できるようにしてほしいのです。その体制づくりに政策や予算を集中してはいかがでしょうか。競争力のある地域材が供給されるようになれば、積極的に地域材を使いたいと考えています。

――今後、どのような取組みを進めていきたいと考えていますか。

一つは、ビルや商業施設など、高断熱・高気密の業務用建物を普及していきたいと考えています。重量鉄骨の建物を外側から断熱材で覆う建物です。まさに、展示用の建物を建築中です。

また、住宅で4つのコストがかかることも周知していきたいです。第一のコストは、イニシャルコスト（建築費）。従来は、これだけを考えて住宅を建てていました。第二のコストは、ランニングコスト（光熱費）。建築費がいくら安くても、冷暖房費が高ければ、家計にやさしいとはいえません。第三のコストは、メディカルコスト（医療費）。冬でも適切な室温が保たれている住宅は、心筋梗塞や脳梗塞などの疾病リスクを下げることが期待できます。第四のコストは、メンテナンスコスト（維持管理費）。設備のメンテナンスまでも、当社のサービスとしています。

これまでは暖かい家で快適かつ健康に暮らせるということで冬をメインにアピールしてきまし

たが、これからはＦＢ工法の壁体内冷暖房システムで一年中、健康に暮らせる家を普及していきたいです。健康になる家、病気を治す家ですね。先ほど紹介したグループホームでは、入居後に血圧が下がったとおっしゃる入居者の方がいらっしゃいます。データを取ったわけではありませんが、そのような話を聞くと夢が膨らみます。

欧州の技術で高性能な省エネ住宅を建築・リフォームする

株式会社ヴァルト　小野治　代表取締役

ヴァルトは、欧州の省エネ建築技術を積極的に取り入れた住宅を、県内を中心に、新築やリフォームで提供しています。エネルギー性能の高さに自信があり、実際の光熱費が事前の想定を上回った場合、差額を補償する仕組みを設けています。

――高断熱・高気密住宅は、いつ頃から提供されているのでしょうか。

当社では、今から20年くらい前から、高断熱・高気密の住宅を提供しています。建築業の前は、県内で温泉旅館を経営していました。その旅館では、温泉熱を使って全館暖房をしていました。

図表４　ヴァルトの小野さん

図表５　厚い木質断熱材が詰まっているヴァルトの壁の内部構造

ちょうど源泉と旅館の間に実家があり、実家でも温泉熱を活用して暖房・給湯をしていました。

物心ついた頃から、全館暖房の暖かい建物というのが当たり前の環境にいたわけです。一方、県内の多くの住宅は、寒いのが当たり前です。そこで、住宅のエネルギーや温熱環境は、ニッチ（すき間）産業だと思い、建築業に参入しました。

ただ、普通の住宅に全館暖房を導入すると、多額の暖房費がかかってしまいます。そこで、断熱と気密の性能を重視することにしました（図表5）。また、年間を通じて適切な温熱環境をお客さんに提供したいと考え、当社で提供する住宅は、高断熱・高気密というだけでなく、冷暖房設備もセットで備えています。

――事業の状況はいかがでしょうか。

事業を始めた当初は、景気が良かったのか、デザイン性と自然素材というコンセプトで売れていました。次第に高断熱・高気密というコンセプトになり、現在の「人と環境に優しい世界標準の省エネ性能の家」というコンセプトが完成しました。現在は、年間15棟くらいを受注していますが、倍くらいにしたいと考えています。現在の社員は約10人です。倍くらいの受注規模になれば、社員や職人をさらに育てていくこともできるからです。人材育成は重要で、設計が良くても、施工が不十分だと、実測値に影響してしまいます。

――住宅の特徴は何でしょうか。

まず「環境性能コミットメント」です。当社では、県の建物エネ性能検討制度に基づき、設計段階で消費エネルギーの想定を説明し、再エネ導入をお客さんと検討します。具体的には、評価ツールを用いて光熱費をシミュレーションし、示しています。それで、実際に生活してみて、シミュレーションの光熱費を上回った場合、3年間にわたり、想定額との差額を補償します。実は、県の制度導入前から、当社ではお客さんに光熱費を示していましたが、県の制度をきっかけに、この「環境性能コミットメント」を始めました。ちなみに、これまでのところ想定をオーバーした物件は、一つもないんです。

それは、当社の提供する住宅が、極めて高い性能を有しているからです。当社の標準仕様の住宅ですと、冬の暖房と夏の冷房を24時間連続運転で全館実施すると想定しても、光熱費は年間15万円程度です。最高性能レベルだと、さらに半分程度になります（筆者注：総務省「家計調査年報」によると、長野市の2人以上世帯は、年間光熱費が約23万円。全館暖房・24時間連続運転にすればさらに高くなります）。

冷暖房設備も特徴的で、ピーエス社「HR-C」という冷暖房兼用型のパネルヒーターを装備しています。パイプオルガンのように並べた金属管の中に、冷温水を循環させる仕組みです。冷温水といっても、夏ならば20度程度の水、冬ならば30度程度の温水ですので、触ってもやけどしません。温水は、体温よりも低いからです。見た目もインテリアのように溶け込み、圧迫感もありません。これに、全熱交換の24時間換気システムを備えています。

――居住者の反応はいかがでしょうか。

2年くらい居住したお客さんから、驚きの声をいただくことが多くあります。当社の住宅は、パネルヒーターによる輻射熱の冷暖房です。冷房の感覚を例えるならば、洞窟のなかのヒンヤリ感です。とても快適な感覚なのですが、入居当初はこれに慣れていないため、分からないようです。とりわけ、冬にコタツだけで生活していた人は、そもそも暖房すら慣れていないため、輻射熱には慣れにくいようです。でも、輻射熱に慣れるに伴い、良さを実感してもらっています。

光熱費の安さも実感してもらっています。事前の光熱費シミュレーションでも高くありませんが、実際にはそれよりも安くなるためです。さらに、太陽光発電で売電すれば、収支はトントンになります。ある寒冷地の住宅（延床面積100㎡・省エネ基準Ⅲ地域）の例では、事前想定の年間光熱費が約16万円で、実際には11万円弱でした。さらに、屋根の太陽光発電（約7kW）の売電収入が11万円強でしたので、実質的な光熱費はゼロどころか、少しプラスとなりました。もちろん、全館冷暖房で24時間熱交換換気です。

――欧州の技術を積極的に導入されていますが、なぜ注目したのでしょうか。

事業を展開する上で、海外の情報をインターネットで学んでいます。イギリスの大学に留学した経験もあり、語学力を活かして海外情報を積極的に収集することができます。アメリカの技術も学びましたが、欧州の技術が優れていると分かりました。それで、欧州の建築教科書などを徹底的に読み込み、技術を習得しました。

提携する海外企業から得られる知見も大きいです。以前は、ニュージーランドのログハウスを輸入していたのですが、そのときに英連邦で普及している建築技術を学びました。現在は、スイスの木質断熱材企業のパヴァテックス社、ドイツの高断熱サッシ企業のＤＡＫＯ社と提携し、彼らの知見や技術を積極的に取り入れ、自らの知見と統合しています。

特に注目しているのは、ドイツのパッシブハウス基準です。これは、ドイツの「パッシブハウス研究所」が規定する性能基準で、ドイツでも最高レベルの厳しいエネルギー性能基準です。当社の展示場の建物（図表６）はリノベーションしたもので、既存建物の改修によるエナフィット（EnerPHit）というパッシブハウス認定を申請中です。これは、年間冷暖房負荷は当然のこと、気密性能、窓の断熱性能、換気、湿度コントロールなども認定条件として問われます。

――行政では高断熱・高気密住宅の普及に取り組んでいますが、意見はありますか。

図表６　展示場のリノベーション建物
ドイツの基準から見ても高断熱・高気密の性能です。

（提供：ヴァルト）

国の「平成25年省エネ基準」は低すぎると思いますが、低炭素建物への支援など、高いレベルへと誘導しようとする姿勢は評価しています。

政策ではないのですが、日本で「建築物理学」が発達していないことに疑問を抱いています。欧州の建築技術を学べば学ぶほど、その重要性が分かってきます。断熱材の施工を取ってみても、現実に起きる断熱性能の低下をしっかり見込んで、設計をしなければなりません。ですが、日本では、国の規定どおりに計算すると、そうした断熱性能の低下を見込めないのです。こうしたことを一つ一つ厳密に計算する手法を確立するためには、建築物理学という学問がバックグラウンドとして必要です。欧州では、建築物理学が高度に発達していますが、なぜか日本では発達していないし、取り組む研究者も少ないのです。

――今後に向けてどのようなことを考えていますか。

住宅以外では、小規模なビルなど、コンクリート造の改修事業も手がけています。これまで5件くらい行っています。改修すると、光熱費を約7割削減できています。面白いのは、歯医者さんからの引き合いが結構あることで、パネルヒーターが好評です。

事前の計測だけでなく、完成後の実測にも力を入れています。大学の研究者に協力していただき、データを蓄積しています。設計段階の性能が実際に発揮されることが大切だからです。なお、1㎡当たりの暖房負荷は「kWh/㎡・年」という単位で表され、値が小さいほど断熱性能が高いことになります。いずれも計算値ですが、国の省エネ基準（長野市）では値が「108」で、ドイツのパッシブハウス基準では「15」となります。一方、当社の展示場での実測値では、この値が「11・9」を示しています。

今後の課題は建築コストです。高性能の住宅は、どうしても単価当たりのコストが高くなります。それでも企業努力により、ドイツの新築住宅の半額近い単価で提供しています。ただ、それではパッシブハウス基準のような高い性能の住宅を提供できません。ドイツでは、建物自体の資産価値を金融機関がしっかりと評価するため、高い単価の住宅であっても、融資を得られます。

ところが、日本では建物の資産価値をほとんど評価してもらえないため、建物にコストをかけにくいのです。当社だけの課題というわけではありませんが、この点が重要だと考えています。

断熱木製サッシの事業化と木質断熱産業の構築を主導する

有限会社和建築設計事務所　青木和壽　代表取締役

和建築設計事務所の青木さんは、建築士としてエネルギー性能の高い建物を設計するかたわら、断熱性能の高い木製サッシの開発や関連事業の立ち上げに奔走されています。信州の環境エネルギー産業が発展するためのキーパーソンの一人です。

――エネルギーに着目した設計は、いつ頃から取り組んでいますか。

建築設計に携わった1991年からです。輸入住宅の設計に関わり、輸入の断熱材や木製窓（ペアガラス・低放射ガラス・断熱ガスの組み合わせ）、冷暖房システムの知識を身につけました。その仕事を通じて、住宅の気密性能・断熱性能を確保すると、冷暖房機器の能力が小さくて済むことを理解しました。建物の中を壁で細かく区切って一部分を冷暖房するよりも、住宅の内部

図表７　和建築設計事務所の青木さん

空間の自由性（オープンプランニング）を確保して全館冷暖房する方が、居住環境におけるストレスが少ないことも実感していました。そのときから、窓には木製サッシを取り入れていました。

２０００年に郷里の塩尻市へ戻り、現在の建築設計事務所になりました。ちょうど、同年の建築基準法の改正によって、建築材料として木材利用の可能性は広がっていました。そこで、地域の木材を使った建築に取り組み始めました。住宅はもちろんのこと、企業のオフィスを木造で建築したり、鉄骨造の建物でも内外装で木材を活用したりしてきました。

図表８　和建築設計事務所のオフィス外観
太陽光発電設備を屋根に設置したプラスエネルギーオフィス。

――青木さんのオフィスもエネルギー性能が高いですね。

10kWの太陽光発電設備を屋根に設置し、プラスエネルギーオフィスになっています（図表８）。光熱費はもちろん、水道料金を含めてもプラスです。

構造体と内外装材のいずれにも、木材を使用しています。日射コントロールのため、南面の軒は高く、深くしてあります。冬場の日射は建物の内部空間に届き、夏場の日射は内部空間に届きません。

窓は、輸入の木製サッシです。建てたのは、木製サッシの開発に取り組む前でしたので。窓のガラスには、低放射ガラスを使用しています。特殊な金属膜をコーティングした断熱性の高いガラスで、Low－Eガラスと呼ばれています。

内部空間は、オープンプランニングによって、空間を連続させています。これが、空気の自然な対流を生み、局所の滞留熱を防ぎます。また、トップライトや連窓による大開口窓により、日中は照明器具を点灯しなくても、十分な明るさを得られます。当社は、建築設計事務所ですから、細かな図面を見たり、描いたりしますが、この明るさで支障はありません。

――超断熱木製サッシの研究開発について、状況を教えてください。

以前から、なぜ日本で木製サッシを使わないのか、製造しないのか、不思議に思っていました。断熱性でも気密性でも、アルミサッシに優るとも劣らないからです。ドイツに行ったとき、中小零細企業が木製サッシ加工機を持ち、製造しているのを目にしました。ならば、ドイツのやり方に学べば、中小零細企業でも製造できると考えたのです。そうしたところ、ドイツと同じ加工機械を、千曲市の株式会社山崎屋木工製作所さんが導入したと知り、ともに超断熱木製サッシの研究開発に取り組み始めました。

現在の状況は、国内で木製サッシ事業の構築を行っているところです。まだ、事業化されたという状況ではありません。規格製品による供給体制について、木製サッシ産業に関わる企業や建材流通企業、木材寸法安定処理企業とともに、行政機関とも調整しながら構築しています。早期に、県内で木製断熱窓の生産拠点を整備し、事業化を開始したいと考えています。

分かってきたのは、木製サッシを取り巻く関連産業の構築が必要なことです。木製サッシには多くの産業が関わりますが、国産で賄えるものは木材くらいしかないのです。他の部材、ガラス、金物、製作用の加工機械、断熱性能を確認する計算ソフトなど、すべて海外製を使わざるを得ません。国内には、開発のための試験設備すら十分にないのです。裾野の広い産業だけに、関連産業ともども発展させていく必要があります。

――超断熱木製サッシの性能は、どのようなものですか。

サッシの性能は、熱還流率で表され、数値が小さいほど高い性能になります。単位は「W／㎡・K」になります。私たちが開発した超断熱木製サッシ（図表9）の性能は「0・47」でした。枠には、県産の木曽ヒノキを使い、ガラスは層厚52㎜、4枚ガラスで、間にクリプトンガスを注入しました。2012年から3年間、環境省の地球温暖化対策技術開発・実証研究事業に採択され、開発を行いました。

ちなみに、ドイツではサッシの熱還流率の数値が「1・3」よりも大きいと、住宅で使用できません。日本では、大手企業の最高級樹脂サッシ（トリプルガラス）で「0・9」、アルミサッ

図表９　青木さんの開発した超断熱木製サッシ
枠には、長野県産の木曽ヒノキを使用。ガラスは層厚52mm、４枚ガラス。

シのペアガラスで「４・０」、アルミサッシの単板ガラスだと「６・５」となります。
　地域で生産可能ということも重要です。制約要件は、供給できるガラスの大きさのみです。この開発で得た技術を用いて、汎用品を普及させたいです。欧州では、窓全体の熱還流率について「０・８」辺りが適正といわれますので、多少性能を落とし、生産コストも抑制して、製品化していくことになるでしょう。それでも、国内大手企業の最高レベルを上回る性能です。

――他に取り組んでいるプロジェクトはありますか。

建物を包む外皮の木質化について、研究開発を行っています。外皮というのは、屋根、壁、床材、窓、ドア、断熱材で構成されます。

木質外皮研究開発プラットフォームをつくり、プロデューサーを務めています。このプラットフォーム会員でコンソーシアムを立ち上げ、民間企業の集まりによって、資金調達や迅速な事業化などの強みを活かした取組みを進めていきます。

まずは、木材の評価を国際レベルにしていくことが必要です。ＩＳＯ（国際標準化機構）で示されている試験によって、国産木材の性能を明確にしなければなりません。その後、木質断熱材の開発と事業化に取り組みます。木材のカスケード利用、すなわち製材などで出た副産物を活用した木質断熱材を開発していきます。

また、木製断熱窓の事業化です。既に取り組んでいますが、欧米に比べれば事業化のレベルとまではいえません。欧米と同等の産業化を目指します。

──行政の政策について、意見はありますか。

断熱材について、石油系の素材から自然素材や再生可能な素材に転換していく必要があります。それは、火災のときに問題になるからです。石油系断熱材が燃えるときの煙による被害や廃棄処理に問題があります。東日本大震災でも問題になっています。欧州では、石油系断熱材は次第に使用されなくなってきました。日本では、どうしても建物の外皮部分の厚みが薄いため、高性能で薄い断熱材が要求されてしまい、石油系断熱材が広がっています。ですが、火災の面から見ると問題なのです。

また、気密についての理解を広げることも重要です。住宅で多く採用している木造や鉄骨造において、気密がおろそかにされているように思います。気密は、省エネだけでなく、建物の防火性能にも影響してきます。

——今後の展開はどう考えていますか。

地域の風土や気候に適した住宅、住環境を構築したいと考えています。地域資源である木材や地域産業による資材を活用し、地域の人によって建てられることが理想になります。地域社会の中で経済循環がなされることにより、人々の収入が確保され、生活が高水準になれば、地域の魅力が増します。そうなれば、長野県の豊かな自然環境と相まって、国内外からさらに多くの人たちが訪れるのではないでしょうか。

第4章　自治体の担い手

信州エネルギーシフトには、自治体のなかでも多様な担い手が関わっています。県では、環境部だけでなく、林業政策を担当する林務部や電気事業を行う企業局も重要な担い手です。県だけでなく、市町村も重要な担い手で、まちづくりのように、県では難しい分野があります。

ここでは、県環境部以外でエネルギー政策や関連分野に取り組む3者のインタビューを紹介します。まず、オーストリアを模範とする林業への転換を目指す「長野県林務部」です。次に、東京都世田谷区との再エネ連携を実現した「長野県企業局」です。そして、国から環境モデル都市に指定されている「飯田市環境モデル都市推進課」です。いずれの組織も、官民連携で持続可能な地域づくりに取り組んでいます。

オーストリアとの連携で欧州型林業への転換を目指す

長野県林務部　山﨑明　林務部長

長野県林務部は、林業や関連産業の活性化に取り組んでいます。なかでも、生産性の高い林業先進国のオーストリアと結びつきを深め、欧州型林業への転換を目指して、政策を展開しています。

——欧州では、恒久的な路網が山に整備され、高性能な林業機械を活用した生産性の高い林業を展開しています。山から製材所までダイレクトに木材が運ばれ、林地残材や低質材、端材は、発電や熱利用に使われています。一方、日本の林業は、そうではありません。長野県では、欧州型林業へと舵を切っていますが、そのきっかけは何だったのですか。

以前は、海外の生産性の高い林業の話を聞くたび、それは日本と条件が違うから成立するものだと思っていました。例えば、スウェーデンやドイツの森林は日本のように急峻でないから、林業が成立すると思い込んでいたのです。5年ほど前、阿部知事が（内閣官房）国家戦略室の梶山恵司《ひさし》さん（内閣審議官：当時）を呼び、私たち林務部職員と議論させました。そのとき、梶山さんが欧州では日本と異なる林業を展開していると日本の林業を批判するのに対し、私たちは必死

図表１　長野県林務部の山﨑さん

になって反駁しました。あまりに批判されて悔しかったので、本当かどうか確かめたいと思い、自腹でオーストリアに行きました。

オーストリアに行って驚きました。梶山さんの批判は、本当だったのです。オーストリアの山々は、長野県と同じか、それ以上の急峻さです。しかも同じ内陸部で、集成材を中心にし、家族経営による山の管理、中小零細企業ばかりの関連産業でした。それなのに、作業員は年収500万円から600万円くらいありました。これならば、生活は安定し、子どもを大学に入れることもできます。

オーストリアの地勢条件は長野県よりも悪いくらいなのに、林業が比べ物にならないくらい活発でした。林業では、労働安全も重要なのですが、オーストリアでは労働災害も非常に少ないのです。ショックでした。従来の補助金頼みの林業では、未来はないと思うようになりました。それ以来、オーストリアを模範として、林業を転換しようと考えるようになりました。

関係構築は、まずオーストリア大使館の方たちと名刺交換するところからです。公開セミナーに一聴衆として出席し、終了後に名刺交換しました。そこから関係を積み重ね、連携に関する覚書を結ぶところまで来ました。大使館の方たちも、商売のことを二の次にして、相互交流に力を尽くしてくれました。その結果、短期間で、阿部知事がオーストリアを訪問し、オーストリアからも大臣が訪問してくれる間柄になりました（図表2）。また、県林業大学校の学生たちは、毎年、オーストリアに短期の林業研修へ行っています。これからも、様々なレベルでの交流を進めていきたいです。

――塩尻で「信州F・POWERプロジェクト」（図表3）が進んでいます。これは、民間の大規模製材所と木質バイオマス発電所の建設を核とし、長野県と森林組合が山の木材搬出環境の整備を進め、塩尻市が熱利用を推進するという、官民連携のビッグプロジェクトですね。

――県内には、これまで大規模な製材所がなく、木材を切り出しても、いったん隣県まで運んで製材し、それを再び県内へ運んで使っていました。出荷先を県外に依存し、丸太を輸出している状

図表２　長野県代表団とオーストリア政府との会談
自然条件が近い林業大国オーストリアからは学ぶことが多くあります。

（提供：長野県林務部）

図表３　信州Ｆ・POWERプロジェクトの大規模な製材所
これからの木材需要をにらんで、フロア材生産を中心にしています。

（提供：長野県林務部）

況では、雇用も生まれません。製材で付加価値がつくのに、それが県外になってしまうからです。県の中央部（筆者注：塩尻は県央に位置）に大規模な製材所が必要だと考えていました。それが一番の理由です。

今後の木材需要を考えると、人口減少になることから、住宅の柱材は需要減になるでしょう。一方、フロア材や内装材は、外材が幅を利かせていて、これを国産材に切り替える需要は伸びると見ています。そこで、製材所ではフロア材を生産しています。

製材所は、欧州型の生産性が極めて高いシステムを採用しています。製材所からは大量の端材が出てきます。木材搬出に際しては、低質材や林地残材もたくさん出てきます。それらをチップ化し、製材所に併設する発電所で燃やします。発電所の建設はこれからですが、目途は立っています。惜しむらくは、コジェネ（熱電併給型）にできなかったことです。欧州製のボイラーを導入したかったのですが、日本のボイラー規制が厳しくて断念しました。コストも高くつき、事業の遅れの一因にもなりました。それでも、多くの排熱が見込まれるので、担当の塩尻市とともに熱の活用を進め、地域振興につなげたいと考えています。

――プロジェクトの他に、県内の林業関係で注目される動きはありますか。

――東信地域には、カラマツを建材に使う木材会社があります。カラマツというのは、丈夫なのですがヤニが出るため、建材としてはこれまで敬遠されてきました。ですが、その弱点を解消しつつ、不燃性を高める技術開発を行って、大都市の商業施設などで使われるようになりました。「燃エンウッド®」という耐火集成材です。横浜の商業施設や都市部のオフィスビルなどで使われています。カラマツの強度という特性が活かされますので、注目しているところです。

また、県の林業総合センターには、カラマツの試験機材があり、商品化で重要な役割を果たすのですが、これまでは中小径木しか使えませんでした。機材そのものが老朽化していることもあり、それを大径木でも試験できるように入れ替えることにしました。そうすると、カラマツをさらに多用途で使っていけるようになると考えています。

——欧州型林業への転換に当たって、当面の大きな課題は何でしょうか。

森林情報です。森林管理でも、木材の搬出でも、情報がベースになります。これがしっかりしていなければ、生産性を高めることは不可能です。北信州森林組合では、企業と連携して、ITによる森林管理を進めています。これが県内全域で本格化すれば、森林管理が変わっていきます。所有者や境界線をＧＩＳ（地理情報システム）で特定できるだけでなく、どこにどのような樹種があり、どれくらいのコストで市場へ送れるか、一目瞭然になります。これは、これまでの勘に頼った森林管理を、データに基づく管理に変えていき、無用なコストやリスクを削減できるため、結果的に森林の所有者が得られる対価を増やしていくことになります。
——森林の所有者が自らチェーンソーで伐り出し、軽トラックで搬出する自伐型林業の方が、日本の実情に合致するとの議論もありますね。

自伐型林業は、大事だと思います。県内の森林を見ていくと、生産性だけを追求することが難しい森林もたくさんあります。とりわけ、身近な里山がそうした森林です。自伐型林業によって、身近な里山が整備されていくことは、住民が地域のことを考えるきっかけ、集落の自治がもどっていくきっかけになります。森林は、集落の活性・衰退のバロメーターなのです。里山の再生なくして、地方創生はありません。里山が整備されれば、薪の利用もしやすくなりますし、「信州やまほいく」（信州型自然保育）のような教育にも使えるようになります。里山が地域で使えるようになれば、住民もキノコなどを採るようになりますから、森林と人との関係を再構築することにつながるでしょう。

大切なことは、林業には、欧州型林業のように生産性を追求する「動脈林業」と、自伐型林業のように地域との関係性を大切にする「静脈林業」の2種類があることです。どちらかが正しいのではなく、森林や地域の実情に合わせることが大切なのです。

長野県の課題は、いずれの林業も不十分なことです。動脈林業も、静脈林業も、どちらも必要なのです。両方の林業を活性化させて、長野県を林業県にしていきたいです。

――今後の展望をどう考えていますか。

静脈林業を急ぎ、形成する必要があると考えています。今は、市町村と森林との関係が薄くなり、地域住民と森林との関係も薄くなっています。長野県は2017年現在77市町村となっていますが、かつて120市町村に分かれていました。その旧市町村単位くらいで、地域と森林との関係づくりを促したいと考えています。自伐型林業であればベストですが、環境教育でもいいし、セラピーのような癒やしでもいいし、遊びでもいいのです。森林と地域住民との関係を早く再構築したいと考えています。

それから、北信州森林組合のように、ITを活用して、森林にとっての産業革命を起こしていく必要があります。生産性の追求はもちろんですが、労働安全性と情報化も追求していきたいと考えています。労働安全では、オーストリアの技術を積極的に取り入れていきたいと考えています。それは、大使館の方たちも願っていることです。労働安全と情報化が確立すれば、先に述べたように無用なコストとリスクが減少しますので、森林の所有者に対価が適切に還元されるようになります。それが、所有者による森林への再投資、すなわち再造林となり、持続可能な森林につながります。そのためにも、伐採と植林を一括して行う仕組みも実現したいと思います。

加えて、木曽谷を拠点に、県産材の販路開拓と人材育成をしっかり進めていきたいです。これは、別々の話に見えますが、そうではありません。木曽谷には、伝統的な木工製品や工芸品があります。かつては盛んでしたが、今は衰退気味です。でも、頑張っている職人たちもいるのです。課題は、デザインと生産性です。ある職人が、木製ワインクーラーをつくってインターネットで販売したら、海外から多量の注文が来て、応じきれないと断ってしまったそうです。そうしたときに、地域の職人たちで連携し、注文をこなすことができればいいのですが、職人は特定のものだけをつくっています。そこで、職人の人材育成をして、デザイン性を高めるとともに、相互協力できる技能が身につけば、機会を逸することもなくなるでしょう。木曽谷には、林業の会社や組合、木工の職人たちがいます。林業大学校や技術専門校がありますし、林業総合センターという試験研究機関もあります。そこで、林業や木工を学びたい人が、全国から木曽谷に集まるようにしていきたいのです。

フィンランドなどの北欧も含め、欧州ともさらなる連携を強化して、木曽谷を林業・木工の国際的な一大拠点にしていくのが、私たちの夢です。

県営の小水力発電の電気を東京都世田谷区の保育園に供給する

長野県企業局　干臺俊《ひだいしゅん》　電気事業課長

長野県企業局は、約10万kWの水力発電施設を保有し、電力会社等に電気を卸しています。最近では、維持流量を活用して小水力発電設備を設置し、その電気を世田谷区立保育園などの大都市に供給するなど、新たな取組みを始めました。

――長野県企業局の電気事業は、以前、民営化することが決まっていましたが、2012年に公営事業としての存続を決定しましたね。

企業局では、2003年に電気事業を民営化する方針を立て、売却先など具体的な検討を続けてきました。ところが、東日本大震災が発生し、再エネの重要性が高まり、民営化の是非が問われました。そもそも水は公共的な財産で、水を取り扱う際には、地域において、高い公共性を保つことが、とても重要になります。ちょうど同じ2012年には、FITが始まり、電気事業の価値が高まると考えられました。それらを受けて、2012年に公営企業としての存続を決定し、水力発電を県として積極的に推進することになったのです。

図表４　長野県企業局の干臺さん

県の電気事業は、１９５２年に始まった三峰川《みぶがわ》総合開発に遡ります。１９５８年に美和発電所、春近発電所が発電を開始し、電気部が発足しました。１９６１年に企業局が発足し、電気部は企業局の所属となりました。現在、16か所の発電所、合計10万２１０kWの発電能力を有しています。そのうち半分の８か所の発電所が、昭和30年代、40年代に建設されました。

――小水力発電に取り組もうとする県民のサポートにも取り組んでいます。スタッフの反応はどうですか。

公営企業として存続することが決まった以上、今まで以上に地域貢献を重視するようになりました。そうした観点で、スタッフたちが蓄積した技術を活用し、再エネを普及していきたいと考えています。具体的には、小水力を計画する市町村、団体等に対し、技術相談を行うとともに、部局横断の「小水力発電キャラバン隊」に参加し、出張相談会や技術講習会の開催により、事業計画の策定を支援しています。キャラバン隊は、企業局だけでなく、環境部、農政部、建設部、長野県土地改良事業団体連合会との共同の取組みですので、文字どおり部局横断で小水力を促進しています。私たちの強みは、県内最大の水力発電事業者として、技術的な知見に加え、農家や漁業者と相互理解を進めてきて、地域と協調していくことの重要性を理解しており、その経験を持っていることです。民間事業者であっても、水力発電では地域との関係がとても重要になります。地域との関係を重視する意識がスタッフには根付いています。

他にも、電気事業利益の一部を県の一般会計に拠出し、地域へ還元しています。まず、2014年度から3年間で総額5億円を「自然エネルギー地域基金」へ拠出し、市町村やNPO等が行う再エネへの支援に活用してもらっています。2015年度からは、毎年度1000万円を一般会計へ支出し、整備が進んでこなかった奥山の水源林保全に活用してもらっています。さらに、2016年度からは、将来の科学技術を担う人材の育成のため「長野県こどもの未来支援基金」へ5000万円を拠出しています。

こうした取組みを通じて、スタッフ全体で県政への貢献というミッションを再確認してきました。最近では、発電だけでなく、電気を通じた付加価値を地域に還流するという意識が高まっています。これまでと異なる新しい業務も増えていますが、新しいことにチャレンジしようとの機運も高まっています。時代に合わせて変化し、そして、付加価値を高めていくことが求められているのだと思います。

――2017年4月から、高遠《たかとお》さくら発電所（180kW）と奥裾花《おくすそばな》第2（水芭蕉《みずばしょう》）発電所（980kW）の2か所の新たな設備が運転を開始しました。いずれも既存のダムを活用した小水力発電所です。興味深いのは、その電気を県外の大都市に販売していることです。公営電気事業としては、全国でも前例のない取組みではないでしょうか。

公開で提案を募集した結果、丸紅新電力株式会社とみんな電力株式会社の企業連合の提案を採用することになりました。企業局が、この企業連合に電気を卸し、企業連合が再エネの電気を求める東京や大阪、名古屋等の大都市の法人や家庭に電気を販売供給します。その顧客に、41か所の世田谷区立保育園が含まれています。この取組みの特徴は、最終消費者から地域への応援料を上乗せして払ってもらい、それを原資にして発電所の訪問などの交流事業を行うことです。また、利益の一部は県の一般会計に拠出され、子どもたちの教育のためなどに使われます。つまり、電気だけの関係ではなく、地域との関係をつくり出す電気事業なのです。

世田谷区では、使う電気が長野県の再エネで賄われていると、アピールするポスター（図表

図表５　世田谷区立保育園に掲示されているポスター

（出典：世田谷区ホームページ）

５）を保育園に掲示してくれています。また、購入している企業は、環境意識の高さをアピールでき、ブランドイメージの向上に役立つそうです。企業局の電気が、大都市で新しい社会的価値を生み出しているのは、興味深いことです。

しかも、企業連合にはＦＩＴよりも高い値段で電気を買っていただいていますが、一方で、世田谷区の保育園は電気代が安くなったそうです。さらに、高遠さくら発電所の竣工式（図表６）にお越しいただいた世田谷区長には、41の区立保育園すべてに、伊那市長から地元の木材でつくった木のおもちゃがプレゼントされました。関わる人たちすべてに、嬉しさをもたらす事業になりました。

前例がないだけに、大変なこともありました。公営電気事業には、収益や県政への貢献だけでなく、安定性も求められます。県民共有の大切な財産ですので、万が一にも財産が損なわれないように考えていく必要があるのです。そうした観点で、企業連合には、安定性と新たな販売事業

図表6　高遠さくら発電所の竣工式
県外の大都市に電気を販売している小水力発電所です。前列左から世田谷区長、伊那市長、長野県副知事、長野県公営企業管理者。

（提供：長野県企業局）

という相矛盾するような論点について、どちらも乗り越える提案をいただきました。そういう意味で、企業局も含めた3者の思いが一致して、この事業が成功につながりました。

——企業局は、約10万kWの水力発電所を保有していますが、電力自由化が本格化するなか、今後、どのように活用する方針でしょうか。

現在、中部電力等に売却している契約は、２０１９年度末に満了します。２０２０年度から、新たな事業者と契約を結ぶ必要があり、それが大きな課題です。今回、高遠と奥裾花の新しい発電所では、再エネや地域との関係という付加価値を乗せて電気を売ることができました。既存の発電所についても、新たな価値を加えられないか、検討を進めていきます。

基本的な方針は、2つあります。一つは、地産地消です。地域で生み出される電気を地域で使いたいというお話を聞きますので、これを進めたいと考えています。もう一つは、大都市への売電です。世田谷区の保育園のように、大都市で有効に使ってもらい、地方と大都市の交流が進めば、双方にとって大きなメリットがあります。現在、16か所の発電所に加え、さらに3か所でも小水力発電所を建設しています。これら2つの方針を念頭におきながら、新しい電気の売り方を考えていきます。

付加価値として注目しているのは、GHG排出量が少ない電源であることです。FITでは、その価値が買取価格のなかに含まれていますが、FITの対象でない発電所の電気は、GHG排出量が少ない、という価値を乗せることができます。国の動きを注視しながら、付加価値を電気代に上乗せすることができないか、検討していきます。特に注目しているのは、外資系企業の動きです。世界的には、自社のエネルギーをすべて再エネに転換する動きが見られ、国内でも外資系企業を中心に、そうした動きが出てくるのではないでしょうか。それに応えることも、一定の発電能力を持つ企業局ならば可能です。

このように、電気事業の価値を高めつつ、県政への貢献や県民への還元に取り組んでいきたいと考えています。

再エネを活かした「環境モデル都市」のまちづくり

飯田市環境モデル都市推進課

飯田市は、2008年度に国から環境モデル都市に指定され、全国から注目される自治体です。おひさま進歩エネルギーと連携し、地域発電を進めるとともに、地域環境権を規定した再エネ条例で全国のモデルになっています。

――飯田市は、国から環境モデル都市に認定され、全国の自治体の環境政策担当者の間では「目指したい自治体」として名高い自治体です。その飯田市が、環境の視点に立った地域づくりに取り組み始めたのはいつ頃からですか。

飯田市が環境モデル都市に認定されたのは、2008年です。それが、当市の取組みの始まりとのイメージを持たれる方がいるかもしれません。実は、1996年の「21'いいだ環境プラン(環境基本計画)」の策定が始まりです。ここから「環境文化都市」として、環境を優先したまちづくりが始まりました。プランは2016年の改定まで、四次にわたる改定を経ています。

再エネに取り組むことになったのは、2002年のプラン第一次改定からです。公民協働で温

図表７　飯田市役所
環境モデル都市に認定され全国から注目を集める飯田市。地域発電も進め、地域環境権条例制定で各地区での実効性のある事業を行っています。

暖化対策事業を展開することになり、環境省の「平成のまほろば事業」として、おひさま進歩エネルギーなどとともに、太陽光市民共同発電事業や商店街ＥＳＣＯ事業等に取り組みました。

環境モデル都市の認定は、それまでの取組みが評価されてのことだと考えています。もちろん、２００７年に「環境文化都市宣言」を行い、改めて全市をあげて環境まちづくりに取り組むことになっていたこともあります。それで、飯田市は「市民参加による自然エネルギー導入低炭素まちづくり」を提案し、太陽光市民共同発電所の発展に加え、小水力発電の推進や環境に優しい交通社会の形成などを進めていくことになりました。

――環境モデル都市推進課は、飯田市ならではですね。

――課長を入れて11名のスタッフがいます。地域エネルギー計画係、地球温暖化対策係、ISO推進係の3つに分かれています。

――国から環境モデル都市に認定され、力を入れたことは何ですか。

――国から認定を受けた後、定期的にフォローアップも受けています。第一次の計画期間が2013年に終わり、総括的な評価がありました。そのなかで、共同発電事業の成果を地域環境権条例による持続可能な地域づくりに発展させたこと、産業界を中心とした「地域ぐるみ環境ISO研究会」が大幅なGHG排出量削減に取り組んできたことなどが、内閣府の有識者会議から高い評価を受けました。

ちなみに、地域ぐるみ環境ISO研究会というのは、1997年に飯田市内の6事業所を中心に発足した団体です。当初は、環境の国際規格である「ISO14001」の認証に取り組み、現在は簡易な環境マネジメントシステム「南信州いいむす21」も含めて、地域の企業へ普及活動をしています。環境問題は、企業ごとの「点」でなく、地域全体の「面」で取り組む必要があるというのが、会の基本認識です。現在、飯田市役所を含む28事業所が参加しています。こうした、産業界の独自の省エネ行動も、飯田市の特徴といえるでしょう。

――飯田市は、一貫して地域主導型の再エネ事業を推進してきましたね。

再エネといえば、どうしても大企業によるメガソーラー進出が目立ちますが、私たちとしては、大企業ばかりが地域の資源を活用していいのか、事業から上がる収益を住民自治に活用できないか、再エネ資源の本質を考えました。

再エネを生み出す資源は、地域の住民や土地と密接に関わっています。それが、再エネと住民自治をつなげる基礎になりました。そして、そこから生ずる利益について、地域住民が主体となって、地域のために活用すること（地域環境権）が重要だと考えるに至ったのです。いわゆる、地域主導型です。

ただ、実効性のある事業を行うためには、資金確保、リスク管理、収益の活用方法、地域活性化など、地域住民の主体的な判断、共同決定が必要になります。そこで、それを支えるために地域環境権条例を制定しました。

この条例では、持続可能なまちづくりの手段としての「エネルギー自治」を重視しています。

図表８　龍江四区コミュニティ消防センターの太陽光発電設備を使った防災訓練の様子
地域環境権条例の認定を受けて、太陽光発電設備が設置されました。

（提供：飯田市環境モデル都市推進課）

具体的には、住民が地域環境権に基づいて再エネ事業を行うに当たり、飯田市や地域金融機関、企業が協働していく責務や仕組みを定めました。

——地域環境権条例では、これまで9件の事業が認定を受けています。

すべて太陽光ですが、内容を見ると、特色のある9件を認定し、支援することができました（図表8）。例えば、第2号認定の「飯田山本おひさま広場整備事業」では、民間企業の所有地を地域の公園にすると同時に、公園の一部で発電し、住民が売電収益を公園整備に活用しています。第8号認定の「飯田市立旭ヶ丘中学校太陽光発電設備設置事業」では、同中学校生徒会の提案を受けて、事業が行われました。屋根に設置された太陽光の売電収益の一部が、生徒会や教職員、ＰＴＡ、地域住民たちで構成する協議会に寄付され、中学生の地域活動等の原資になっています。設備は生徒たちへの環境教育にも使われています。

――上村地区（旧上村）でも、地域環境権の考え方に基づいて、小水力発電の計画が進んでいますが、現在の状況はどうなっていますか。

上村地区は、遠山郷《とおやまごう》として歴史のあるエリアです。12月になると、国の重要無形民俗文化財に指定されている「遠山の霜月祭り」が行われ、歴史を実感することができます。「日本のチロル」とも評される絶景地の下栗《しもぐり》の里も、上村地区にあります。このように素晴らしい場所である一方で、人口減少や高齢化に悩んでいる地域でもあります。

ここで「小沢川《こざわがわ》小水力市民共同発電事業」として、地域住民を主体として事業が進んでいます。取水予定地点となる治山堰堤から、約９００ｍの水圧管路を通し、発電機（横軸ペルトン水車）を設置する予定です（図表９）。出力は約１７０kWを見込み、収益を地域活動の原資に充てる予定です。昨年（２０１６年）、事業を担う会社の設立をしたところです。この事業も、地域環境権条例に基づき、飯田市や市の再エネ導入支援審査会が支援しています。地域の皆さんとしっか

図表９　上村地区の小沢川
治山堰堤から水圧管路を通し、地域環境権条例に基づき小水力発電事業を行う予定です。

（提供：飯田市環境モデル都市推進課）

り話し合いながら、進めていくことが大事だと考えています。

――飯田市は、ドイツなど国内外の先進的な自治体から、積極的に情報を収集していますね。

市長が、かつてドイツで仕事をしていたり、職員をドイツの自治体に派遣していたりして、全庁的にそうした姿勢があると思います。地域環境権条例の検討においても、ドイツに職員を派遣し、ドイツのエネルギー自治を参考にしました。再エネの基盤として、エネルギー自治の考え方を地域で共有し、確立する必要があると、調査によって確信を得ました。

――今後の展開をどう考えていますか。

２０５０年にCO_2排出量を２００５年比で70％削減、２０３０年に家庭部門からのCO_2排出量を同40〜50％削減と高い目標を掲げていますので、「分権型エネルギー自治」を基本理念に据え、これまでの取組みをさらに発展させていきたいです。まずは、太陽光、木質バイオマス、水力のエネルギー利用に取り組むことで、市民主体の創エネ活動を推進します。次に、省エネルギーの推進、移動手段の低炭素化、市民のエコライフ活動の促進を進めていきます。信号機のない「ラウンドアバウト（環状交差点）」の整備もその一環です。そして、分権型エネルギー自治を担う人材を育成し、地域エネルギービジネスをさらに創出していきたいと考えています。

あとがき

信州エネルギーシフトは、全国どころか県内でも一般的に知られていません。自治体のエネルギー政策担当者や地域エネルギー事業者など、一部の実務家・専門家に知られるだけです。それでも、時が経つにつれ、全国からの問合せや視察が増えています。ただ、尋ねられたことに個々に回答するため、どうしても変革の全体像を伝えることはなかなかできませんでした。

そこで、長野県在職中から全体像をまとめたいと考えていたところ、築地書館の土井二郎さんからお声がけをいただき、本書が上梓の運びとなりました。筆者の考えを土井さんに伝えてくださったのは、長野県農業大学校教授の吉田太郎さんです。吉田さんのお力添えがなければ、本書はありませんでした。

ドイツという全体を貫く軸は、土井さんから提案いただいたものですが、元々はジャーナリストの高橋真樹さんのインターネット記事「長野を日本のドイツに！」（全国ご当地エネルギーリポート！）に由来します。

本書はすべて書下ろしですが、ベースとなる知見は長野県の公表資料に、ドイツに関する知見は自然エネルギー財団の公表資料に、それぞれ多く依っています。お一人ずつのお名前は割愛させていただきますが、長野県および自然エネルギー財団での元同僚諸氏には、多くの知見や実務の機会をご提供いただきました。

ご多忙のなか、インタビューに応じていただいた皆さまには、心から感謝申し上げます。すべての皆さまから、本書に収録した何倍ものお話をいただいたのですが、紙幅の都合で、要約したり、カットしたりしました。この場を借りて、お詫び申し上げます。

全体像を示すためには、他にもインタビューすべき方々が大勢いらっしゃるのですが、同様に紙幅の都合で断念しました。次の機会にお願いしたいと考えております。

阿部知事には、インタビューと推薦文をご快諾いただきました。長野県での素晴らしい実務経験を与えていただいたことと併せて、感謝申し上げます。

その他、多くの方々との議論に影響を受け、それが本書に反映されています。一部の方々については、引用等をさせていただきました。知見を提供してくださったすべての方に、感謝申し上げます。

そして、築地書館の土井二郎さんには、本書の企画から取材、編集まで、ディクションの村脇恵子さんには、ていねいな校正で大変お世話になりました。

以上のとおり、本書は多くの方々の力を得て、書き上げることができました。なお、内容の不備や間違いについては、すべて筆者の責任です。本書が、信州エネルギーシフトを加速させるとともに、各地域でのエネルギーシフトを後押しする一助になれば、この上ない喜びです。

注

＊1——Greenhouse Gas の略。二酸化炭素、メタン、一酸化二窒素、フロン類等のガスで地球に温室効果をもたらすもの。
＊2——本章のドイツのデータは、出典を示したものを除き、自然エネルギー財団／アゴラ・エナギーヴェンデの研究レポート「ドイツのエネルギー転換 10のQ&A」（2017年3月1日）に基づきます。
＊3——村上敦『キロワットアワー・イズ・マネー』いしずえ、2014年
＊4——自然エネルギー財団「地域エネルギー政策に関する提言」2017年6月
＊5——長野県「長野県人口定着・確かな暮らし実現総合戦略 参考資料集」2015年9月
＊6——ジェイン・ジェイコブズ『発展する地域 衰退する地域』筑摩書房、2012年
＊7——国の「まち・ひと・しごと創生長期ビジョン」（2014年12月）は、2020年オリンピック・パラリンピック東京大会が首都圏への人口流入を「増幅させる可能性が高い」と指摘しています。
＊8——滝川薫ほか『100％再生可能へ！ 欧州のエネルギー自立地域』学芸出版社、2012年
＊9——前掲「地域エネルギー政策に関する提言」
＊10——長野県「長野県環境エネルギー戦略 2015（平成27）年度 進捗と成果報告書」2017年1月
＊11——東京都環境局2016年11月4日プレスリリース
＊12——資源エネルギー庁「省エネ性能カタログ2017年夏版」によると、301～350ℓの電気冷蔵庫の年間電気代は、最高値の製品で1万4300円、最安値で6990円です。
＊13——環境省「家庭からの二酸化炭素排出量の推計に係る実態調査」2016年6月
＊14——国土交通省「平成28年度住宅経済関連データ」
＊15——今泉太爾『エコハウスはなぜ儲かるのか？』いしずえ、2017年
＊16——国土交通省「住宅の断熱化と居住者の健康への影響に関する調査の中間報告」2017年1月13日

＊17――Office of the Deputy Prime Minister, UK "Housing Health and Safety Rating System Operating Guidance" 2006
＊18――ウェザーニューズ社「朝起きたときの寝室の気温は？全国で1番寒い部屋で朝を迎えるのは長野県」２０１４年２月５日
＊19――長野県建設部建築住宅課「環境エネルギー性能等検討制度に関する書面の提出について」２０１７年４月
＊20――長野県建設部建築住宅課「環境エネルギー性能等検討制度に関する書面の提出について」２０１７年４月
＊21――Directive 2010/31/EU on the energy performance of buildings
＊22――気候ネットワーク「市民・地域共同発電所全国調査報告書２０１６」２０１７年３月
＊23――大野輝之『自治体のエネルギー戦略』岩波書店、２０１３年
＊24――山下紀明「メガソーラー開発に伴うトラブル事例と制度的対応策について」環境エネルギー政策研究所、２０１６年３月１日
＊25――総務省「公共施設等の総合的かつ計画的な管理による老朽化対策等の推進」２０１４年１月

【著者紹介】
田中信一郎（たなか　しんいちろう）
1973 年愛知県生まれ。
一般社団法人地域政策デザインオフィス代表理事、千葉商科大学特別客員准教授、酪農学園大学特任准教授、博士（政治学）。
国会議員政策秘書、大学講師、横浜市、内閣官房などを経て、
2011 年 10 月より 5 年間、長野県庁の課長級職員として、地域エネルギー政策、地球温暖化対策、地方創生（人口減少対策）を担当。
その後、自然エネルギー財団特任研究員を経て、現在に至る。主な著書に『国会質問制度の研究』（日本出版ネットワーク）などがある。

信州はエネルギーシフトする
環境先進国・ドイツをめざす長野県

2018 年 1 月 22 日　初版発行

著者　田中信一郎
発行者　土井二郎
発行所　築地書館株式会社
東京都中央区築地 7-4-4-201　〒 104-0045
TEL 03-3542-3731　FAX 03-3541-5799
http://www.tsukiji-shokan.co.jp/
振替 00110-5-19057
印刷・製本　シナノ出版印刷株式会社
装幀　今東淳雄（maro design）

ISBN 978-4-8067-1551-1